動画付き 魅せる！新体操 フープ＆ボール 上達BOOK

日本女子体育大学教授
日本女子体育大学新体操部部長
橋爪 みすず 監修

はじめに

　五輪競技でもある新体操は、本番の演技だけを見れば華やかで女子の「あこがれのスポーツ」だとよく言われます。

　しかし、現実は、日々の練習はかなり地味な繰り返しであり、それも、今の新体操では求められるものが多いため、「ならいごと」として楽しむだけならともかく、競技を志すとなるとかなり練習量も多くなります。

　はじめのうちは、できなかったことができるようになる喜びがあるから、頑張れると思います。

　ところが、ある程度技術がついてきて、試合に出るようになると、練習に費やした時間のわりには結果が出ない、という時期がやってきます。それでも、練習環境に恵まれ十分な指導を受けることが出来れば、成長に応じた成果が見られるでしょう。

　しかし、新体操が大好きで、「もっとうまくなりたい！」という思いをもちながら、どこを直せばよいのか、どこを伸ばせばよいのかがわからなくなっている。そんな人は今でも多いのではないかと思います。

　ひたすら練習すればいつかは上達すると信じている選手も多いと思います。しかし、今は様々な情報をいろいろな手段で誰もが手にできる時代です。疑問があれば自ら動いて知識を手に入れることも可能です。

　2017年にメイツ出版から最初の新体操の本が出たときは、「本と先生の言うことが違う」と混乱する選手がいたら指導者に迷惑がかかるのでは、と案じました。でも、今は違います。指導者も本もネットの情報も、間違うことはあります。その情報(あるいは指導者)が信じるに足るものかどうか決めるのは選手であり保護者です。

　細心の注意をはらってはいますが、この本も絶対ではありません。それでも「もっとうまくなりたい！」と思う選手たちにとっての一助になれば幸いです。

新体操のルールについて

　新体操のルールは4年に1度、オリンピックの翌年に改正されます。しかし、新型コロナの感染拡大により2020年に開催予定だった東京五輪が1年延期になったため、ルール改正も1年ずれ込み、2022年からの適用となったのが「2022-2024ルール」です。

　「2022-2024ルール」では、難度(D)は、身体難度(DB)、手具難度(DA)、回転を伴ったダイナミック要素(R)の3つの要素からなり、加点法で採点されました。演技中に入れられる難度の数には上限が定められていますが、D得点の上限はありません。芸術(A)と実施(E) はそれぞれ10点満点からの減点法で採点し、D+A+Eが演技の得点となりました。

　これらは2021年までのルールとはかなり大きく変わり、「芸術性重視」の方向性を強く打ち出したものとなりました。

　2025-2028のルールは、前回ほど大きな変更はありません。2024年までのルールの問題点を改善する、という考え方でいくらかの変更はありますが、2022年から明確になった「芸術性重視」はより顕著になっています。この流れで、ルールもブラッシュアップしていけば、新体操は今まで以上に、見ている人にとっても魅力的で面白く、心動かされるものになると思います。

　これからの4年間で新体操はもっともっと進化するはずです。そして、みなさんにはその担い手になってほしいと心から願っています。

本書は、2025 年 2 月時点での採点規則に基づいています。シーズン途中でも変更や追加、削除などは行われ、その情報は日本体操協会の公式サイト（https://www.jpn-gym.or.jp/rhythmic/rules/）にも掲載されますので、チェックされるようお願いいたします。

本書の使い方

動画で実際の動きを
確認できる

この章のめざす
ところ

この項目において
意識すること、
心がけたいこと

ポイントの概要を
説明

演技に手具操作をどう組み込むか、を考えよう

ポイント37 基本的な「DB」とフープ操作の組み合わせ方

動画で
チェック！

個人競技の場合は、演技中に最低でも3個は「身体難度（DB）」を入れる必要がある。（シニア選手は最高8個、ジュニア選手は最高6個まで入れることができる）さらに、それは手具操作を伴って行われなければ、DBとしてカウントされない。

また、フープは手具が大きいので手具の動きが目立つ。操作のうまい選手はそのうまさをアピールしやすい種目だが、ちょっとしたミスも目につきやすいので、基本的な操作を繰り返し練習して正確に行えるようにしておきたい。

ここで取り上げている「回し」や「持ち替え」は難度中に行うことが多い操作だが、面がぶれるなど不正確な操作は実施減点につながるので注意しよう。

ここがポイント！

「まずは難度がきちんとできるようになってから手具をもつ」という考え方もあるが、現在は手具操作の比重が上がってきているので「手具を扱いながら難度を行う練習」は初心者でも欠かさず行うようにしたい。

より上達するためのヒント。さいあれば参照ページなども記載。

連続写真や良い見本、
悪い見本など
目で見てわかりやすい。

このポイントで
扱っている内容

基本的な「DB」と手具操作

1　前方スケール（0.2）＋持ち替え　※かかとを床につけたままの実施

扱っている技（技術）
の名前

①動脚を後ろ90度に上げながら、フープを左手で持ち後ろに回す。
②前方スケールの形を保ったまま、軸脚の後ろでフープを左手から右手に持ち替える。
③フープを持った右手を横に回す。

やり方や意識するべき
こと。

Check1　動脚は90度以上の高さに上げ、上体を下げすぎにキープできているか。
Check2　軸脚は、内股になったり、膝が曲がったりしていないか。
Check3　形をキープした状態のままで持ち替えを完了できているか。

できないときはここを
チェック！

2　フルターンジャンプ（0.1）＋持ち替え

①フープを右手で持ち、膝の屈伸を使って垂直にジャンプする。
②ジャンプ中に360度回転しながら、フープを右手から左手に持ち替える。
③180度回転したくらいで持ち替え終わるくらいのタイミングで行う。

Check1　ジャンプしたときのつま先はしっかり伸ばせているか。
Check2　屈伸の力を十分に生かして高く跳び、ターンは360度きちんと回り切れているか。
Check3　フープの持ち替えはジャンプ中に完了できているか。

3　パッセターン（0.1）＋回し

①右手にフープを持ったまま、プレパレーションに入る。
②かかとを上げ、動脚を横パッセにして1回転回りながら、右手は上に上げフープを回す。
③1回転回り切るまでフープの回しを止めないようにする。

Check1　回転を始めて回り終えるまで、かかとは十分上がっているか。
Check2　パッセをした脚の膝が前に倒れていないか。
Check3　フープは最低でも1回は回せているか。

 フープは手具操作のうまさをアピールしやすい手具なので、まだ難しい身体難度はできない選手でも、フープ操作で見せ場を作ることができる。スムーズでスピード感のある回しや転がしなどができれば、演技の印象はぐっと上がるので、フープ操作は得意と言えるレベルをめざそう。

ありがちなミスなど、
注意すべきこと。
あれば参照ページ
なども記載。

目 次

- ●はじめに
- ●新体操のルールについて
- ●本書の使い方

Part 1 フープ操作の基本を身につける

- ポイント1 フープの基本「持ち替え」を自由自在に操作するための基礎トレーニング … 12
- ポイント2 正確なコントロールの礎「投げ受けの基本」をマスターしよう！ ………… 13
- ポイント3 演技をスリリングにする「転がし」の基本を押さえよう ………………… 14
- ポイント4 DAやRでの加点にも。「回し」の基本をしっかり押さえる！ …………… 15
- コラム1 教えてみすず先生！① 将来、新体操を仕事にすることはできますか？ ……………… 16

Part 2 フープ操作の要・投げ受け完全マスター！

- ポイント5 実施減点されない「基本の投げ受け」を完璧にマスターしよう！ ………… 18
- ポイント6 「手で投げる」のバリエーションを増やそう！ ……………… 20
- ポイント7 テクニカルな演技に必須！「足での投げ」に挑戦しよう！ ……………… 22
- ポイント8 「手以外のキャッチ」をマスターして、演技の幅を広げる ……………… 24
- ポイント9 「視野外のキャッチ」を使いこなして、熟練度を印象づけよう！ ………… 26
- コラム2 一人で努力できる才能 ……………………………………………… 28

Part 3 フープの基礎技術を完全マスター！

- ポイント10 腕や背中を通る「長いころがし」は正確＆なめらかをめざす ……………… 30
- ポイント11 投げ受けと組み合わせれば加点にもなる「くぐり抜け」を使いこなす …… 32
- ポイント12 演技にメリハリをつける多彩な「回し」をマスターしよう！ ……………… 34
- ポイント13 演技のアクセントに！ さまざまな「軸回し」を使いこなそう ………… 36
- ポイント14 表情豊かな演技のために、フープならではの多彩な操作を知ろう！ ……… 38
- コラム3 教えてみすず先生！② 審判の採点は公平ですか？ ……………………… 40

※本書は 2019 年発行の『手具操作で魅せる！新体操　フープ　レベルアップ BOOK』と『手具操作で魅せる！新体操　ボール　レベルアップ BOOK』を再編集し、新たに動画コンテンツの追加を行うとともに、1冊の形にして新たに発行したものです。

Part 4　手具操作の見せ場「DA」で点数を積み上げよう（フープ）

ポイント15　「DA」の種類、考え方をしっかり理解して、使いこなせるようにしよう　42

ポイント16　意外と簡単なものも。0.2のDAには怖がらずにチャレンジ！　…………　44

ポイント17　演技をスリリングにする投げ受けのあるDAもやってみよう　…………　46

ポイント18　投げ受けなしでも0.3になるDAに挑戦！………………………………　48

コラム4　正確なフープさばきの源　………………………………………………　50

Part 5　ボール操作の基本を身につける

ポイント19　実施減点を減らす第一歩「ボールの正しい持ち方」を確認しよう！　………　52

ポイント20　正確なコントロールの源「投げ受けの基本」をマスターしよう！　…………　53

ポイント21　ボールならではの柔らかさを表現できる「転がし」の基本を押さえよう　…　54

ポイント22　DAやRでの加点にも。「突き」の基本をしっかり押さえる！……………　55

コラム5　教えてみすず先生！③　表現力はどうしたら身につけられますか？　………………　56

Part 6　ボール操作の要・投げ受け完全マスター！

ポイント23　基本だけど難しい「片手キャッチ」でのミスを減らそう！　………………　58

ポイント24　「手で投げる」のバリエーションを増やそう！　………………………………　60

ポイント25　テクニシャンへの必須要素「足で投げる」に挑戦してみよう！　………　62

ポイント26　「手以外のキャッチ」をマスターして、演技の幅を広げよう！　…………　64

ポイント27　ボールならではの見せ場「視野外のキャッチ」を使いこなそう！　………　66

コラム6　ボールはやさしい？　それとも意地悪？………………………………　68

Part 7　「転がし」「突き」ボールならではの操作をモノにする

ポイント28 腕・胸を通る「長い転がし」は正確＆なめらかをめざす ……………… 70

ポイント29 背中・脚など、腕以外でも転がせる！　転がし名人になろう ………… 72

ポイント30 「ボール巧者」を印象づける！　難しい転がしにも挑戦 ……………… 74

ポイント31 リズミカルな演技にうまく取り入れたい「突き」を自在に操ろう！ ……… 76

ポイント32 指先で回す、脚にはさむ、体でボールの上を転がる多彩な操作を駆使しよう！　78

コラム7　教えてみすず先生！④　環境に恵まれていないと感じたら？ ………………… 80

Part 8　手具操作の見せ場「DA」で点数を積み上げよう（ボール）

ポイント33 「DA」の種類、考え方をしっかり理解して、使いこなせるようにしよう … 82

ポイント34 意外と簡単なものも。0.2のDAには怖がらずにチャレンジ！ ………… 84

ポイント35 演技をスリリングにする投げ受けのあるDAもやってみよう ………… 86

ポイント36 投げ受けなしでも0.3以上になるDAに挑戦！ ………………………… 88

コラム8　「器用さん」と「不器用さん」 ……………………………………………… 90

Part 9　演技に手具操作をどう組み込むか、を考えよう！

ポイント37 基本的な「DB」とフープ操作の組み合わせ方 …………………………… 92

ポイント38 基本的な「S」とフープ操作の組み合わせ方 ……………………………… 94

ポイント39 基本的な「R」とフープ操作の組み合わせ方 ……………………………… 96

ポイント40 基本的な「DB」とボール操作の組み合わせ方 …………………………… 98

ポイント41 基本的な「S」とボール操作の組み合わせ方 …………………………… 100

ポイント42 基本的な「R」とボール操作の組み合わせ方 …………………………… 102

コラム9　「新体操ならではの達成感」の正体 ……………………………………… 104

Part 10　実際の作品をもとに演技の構成を学ぼう

ポイント43　「DB」や「DA」をどう入れるか実際の作品に学ぼう！①（フープ） ……… 106

ポイント44　「DB」や「DA」をどう入れるか実際の作品に学ぼう！②（フープ） ……… 108

ポイント45　「DB」や「DA」をどう入れるか実際の作品に学ぼう！③（フープ） ……… 110

ポイント46　「DB」や「DA」をどう入れるか実際の作品に学ぼう！①（ボール） ……… 112

ポイント47　「DB」や「DA」をどう入れるか実際の作品に学ぼう！②（ボール） ……… 114

ポイント48　「DB」や「DA」をどう入れるか実際の作品に学ぼう！③（ボール） ……… 116

コラム10　教えて、みすず先生！⑤「新体操には向いてない」と思ったときどうする？ ………… 118

Part 11　「A（芸術）」「E（実施）」の減点を減らす

ポイント49　「A（芸術）」「E（実施）」はどう採点されるのか理解しよう！ …………… 120

ポイント50　体や動きによるE減点をどう減らす ……………………………………… 122

ポイント51　手具操作によるE減点をどう減らす ……………………………………… 124

ポイント52　今のルールが求める「芸術性」とはなにか？を理解しよう ……………… 126

ポイント53　「動きの特徴」「身体表現」「表情」での減点を減らす …………………… 128

ポイント54　「ダンスステップ」「ダイナミックチェンジ」「エフェクト」をしっかり押さえる… 130

ポイント55　「つなぎ」「リズム」「フロアの使用」「音楽」での減点を減らす ……… 132

コラム11　手具操作にも思いをこめて ………………………………………………… 134

Part 12　構成作りから作品を仕上げていく過程を知ろう！

ポイント56　「やりたい難度、技」「できる難度、技」「使いたい曲」をピックアップ… 136

ポイント57　1つの演技をいくつかのパートに分けてミスなくできるまで練習する… 138

ポイント58　曲に合わせての通し練習を繰り返し行う ……………………………… 140

●おわりに　　～あなたの上達を支えるサポーターを見つけよう～

Part 1

フープ操作の基本を身につける

「転がし」「回し」「持ち替え」
高度な技を積み上げていくためにも
クオリティの高い演技をするためにも必要な
フープ操作の基本中の基本を確認しよう！

ポイント 1

フープの基本「持ち替え」を自由自在に操作するための基礎トレーニング

動画でチェック!

　フープの不正確な操作は、実施での減点になっており、正確でスムーズな操作が求められている。その基本となるのが、ここにあげた「フープの持ち替え」だ。**基本中の基本である「フープを手で握る」「フープを手から放す」という2つの操作の練習として、このトレーニングは有効だ。**

　日本代表選手のトライアウトの課題となっている「手具の基本動作」でもフープの頭に、この動きが左右両方とも出てくる。この動画などを参考に、素早く、さまざまな位置での持ち替えができるように練習しよう。

※「手具の基本(フープ)」(日本体操協会)
https://www.youtube.com/watch?v=A2l-hXcFKJQ&feature=youtu.be

ここがポイント!

フープではスピード感のある手具操作が大きな魅力になる。「持ち替え」は正確かつスピーディーにできるところまで練習し、自分の武器だと思えるようにしたい。

フープの基礎＜持ち替えトレーニング＞

頭の高さでフープを持ち替える。

膝上の高さでフープを持ち替える。

上体を前屈し膝の裏で持ち替える。

体を起こしながら、フープをやや大きく回す。

体の前で持ち替える。

背面で持ち替える。

顔の前で持ち替える。

フープを左手で水平に回す。

頭の後ろで持ち替える。

ポイント2 正確なコントロールの礎「投げ受けの基本」をマスターしよう！

NG!

投げの準備動作として、一度、フープを後ろに引きながら、膝を曲げる。

フープの軌跡を確認しながら、なるべく高い位置でキャッチしよう。腕を伸ばし

キャッチしたときに、肘が曲がっている。

ここがポイント！

フープは重さのある手具なので、投げるときに肩に力が入ってしまう選手もいる。力を入れすぎず、流れの中でスムーズに投げる練習をしよう。

　フープの投げ受けは、5手具の中でもっともダイナミックで、見栄えがする。さらに、フープという手具の特性上、投げにも受けにもさまざまな工夫がし易く、熟練者になればかなりスリリングな投げ受けもこなし、演技にたくさんの見せ場を作ることができる。

　その基本となる「投げ受け」は、徹底的に練習し、高い精度でできるようにしておこう。基本の投げ受けの感覚をしっかり身につけておくことが、その後、バリエーションを増やしていく王道であり、近道なのだ。

　投げでは、コントロールのほか「投げの間に面がぶれない」「投げのフォーム」などにも注意しよう。受けでは、意外にしてしまいがちな「かかえ込み」は、上腕に接触すれば0.3、前腕への接触で0.1の減点となる。落とさなければOK!ではなく、肘を伸ばした状態で体から離れた位置で、クリーンに手でキャッチできるように練習しよう。基本の投げ受けをしっかりマスターできると、投げにも高さが出せるようになり、その高さが演技に迫力を与えてくれる。

13

ポイント3 演技をスリリングにする「転(ころ)がし」の基本を押(お)さえよう

動画でチェック!

フープを真っすぐに腕にのせることを意識して。

フープが胸の前を通過するときは、頭を後ろに倒(たお)す。

逆回転をかけながら、弾(はず)まないようにフープを床で転がす。

床上(ゆか)を戻(もど)ってきたフープを受け止める。

ここがポイント!

フープの大きな投げを、ダイレクトに身体上を転がしてキャッチ、これが成功するとかなりインパクトがある。転がしが得意ならばぜひ挑戦(ちょう)してみよう!

　フープの転がしは、演技にさまざまな表情を与(あた)えてくれる。そして、この操作は、初心者や年少者でも取り組むことが多いわりには、巧拙(こうせつ)の差が目立つ。基本的な腕(うで)⇒胸⇒腕の転がしでも、うまい選手は滑(なめ)らかに端(はし)から端まで転がし切るが、苦手な選手は最後まで転がし切れなかったり、途中で弾(はず)ませてしまったりする。

　しかし、FIGの育成プログラムでも、フープの操作の中では、「転がし」はもっとも「完璧(ぺき)」になる時期が早く、10～11歳(さい)に設定されている。練習を重ねれば、早い時期に習得できる操作だと言えるだろう。「転がし」と言っても、あまり「転がそう」とするのではなく、フープが転がりやすい状態を作る、と意識するほうが、スムーズに転がせる。転がしがうまい選手はそれだけで「フープの扱(あつか)いがうまい」と印象づけることができる。また転がしはDAやRなどでの加点につなげることもできるので、この操作は得意になるまで練習しておきたい。

ポイント4 DAやRでの加点にも。「回し」の基本をしっかり押さえる!

動画でチェック!

フープを回すときは、親指と人差し指の間にフープを置き、肘を伸ばして持つ。

肘が曲がっているので、これでは回しているときフープが体に近くなってしまう。
NG!

体もフープの面も真っすぐにし、肘でフープを回す。

体が傾いているのでフープも傾き体に近くなっている。
NG!

ここがポイント!
フープの重みを感じながら回すようにすると、次の動きに移るタイミングもはかりやすい。フープの重みを常に意識しよう。

「回し」そのものは、フープの操作の中でももっとも簡単で、初心者でも取り組みやすいだろう。しかし、実際に演技の中に入れる場合は、「フープを回し＋投げ」「フープを首で回し＋足に移動」「フープを足で回し＋片方の足でひっ掛けて取る」など、回っているフープに対して何か別の動きをすることが多い。また同じ回しでも、回す場所を次々に変えていくなど、「回し」を使いこなせると、フープならではの見せ場を作ることができる。

身体難度に合わせる手具操作としても、「回し」は比較的やり易く、ローテーションやジャンプ中でも、操作が乱れにくい。当然、ステップやつなぎにも重宝するので、「回し」は自分でも安心して使えると思えるところまで練習しておきたいが、あまりにも「回し」に頼りすぎると、初心者はとくに演技中ほとんどフープを回していたということになりかねない。それでは、手具要素の多様性、という点でマイナスになってしまうので、偏らないようにしよう。

15

COLUMN 1

教えてみすず先生！①
将来、新体操を仕事にできますか？

　今のところ新体操には「プロ」がないので、一生懸命練習を重ねたところで、将来の職業にはつながらないという見方をする人もいます。たしかに現役時代のように「演技すること」が仕事になることは、残念ながらほぼないのが現状です。

　それでも、新体操に関わる仕事ができる可能性は高いと思います。指導者以外にも新体操をやっている子ども達を支える仕事はたくさんあります。トレーナーや栄養士、医療関係者。さらには、将来、新体操を見る人が増え、人気スポーツになっていくために、新体操の情報を発信する、イベントなどを企画するなども必要な仕事です。それだけで生活できるような仕事にはすぐにはならないかもしれませんが、もしも「新体操を仕事に結びつけたい」という希望があるのなら、指導者がいちばんイメージしやすいでしょうが、今、あげたような後方支援的な仕事も頭に置いておいてもらえればと思います。

　新体操を頑張ってきた経験のある人達は、新体操を卒業した後、新体操とはまったく関係のない仕事についても、とても活躍している人が多いです。新体操は努力を重ねることによって困難を乗り越えるスポーツです。そこで培ってきた忍耐力や考える力は、どんな仕事についても間違いなく重宝されます。新体操にプロがないから続けても無駄、なんてことは絶対にありません。

フープ操作の要・投げ受け 完全マスター！

演技の最大の見せ場となる「投げ受け」
とくにフープの投げは、高さも出やすく
演技にダイナミックさを与えてくれる。
投げ受けのバリエーションも多く、
「投げ受け名人」をめざしたい！

フープ操作の要・投げ受け完全マスター！

ポイント 5

実施減点されない「基本の投げ受け」を完璧にマスターしよう！

動画でチェック!

　フープは大きな手具のため、投げ受けは比較的やり易いとされている。新体操クラブの発表会などに行くと一番小さな未就学児のクラスの集団演技などでもフープはよく使われている。フープの大きな面をうまく生かせば小さな子どもの演技でもかなり見栄えのいいものができる。もちろん、個人演技でもそうだ。

　投げ方や受け方のバリエーションも多いので、演技の幅を広げるためには、熟練度が上がってきたらさまざまな投げ受けに挑戦してみるとよいだろう。しかし、まずは「基本の投げ受け」を確実なものにし、ただ落とさないだけでなく、不正確なキャッチなどで実施減点されないようにしたい。

ここがポイント！

「高い投げ」には身長の２倍を超える高さが必要となる。フープの回転や、膝の屈伸を生かして、フープの中心が身長の２倍の高さより上まで、余裕をもって届くように投げられるようにしたい

基本の投げ受け

1 片手で投げる

膝を曲げながら、フープを一度後ろに引く。

膝の屈伸を使い、顔の斜め前でフープを手から放す。

フープの軌跡をしっかり目で追う。

Check 1 膝の屈伸をしっかり使えているか。
Check 2 フープは体の斜め前で放しているか。
Check 3 肘を伸ばし、体からなるべく遠くで投げているか。

2 片手キャッチ

フープの落下点を見極めながら、腕を伸ばす。

体の斜め前のなるべく高い位置でフープをキャッチする。

キャッチ後、体を締めフープをやや後ろに引いて保持する。

Check 1 フープの落下点をきちんと見極めているか。
Check 2 肘を伸ばし、高い位置でキャッチできているか。
Check 3 キャッチの前後とも重心を高くし、美しい姿勢を保っているか。

※ありがちNG!

フープを体の前に腕で抱えてしまっている。

フープの真下に入りすぎ、キャッチしたときに肘が曲がっている。

キャッチした位置が低すぎ、肘が曲がっている。

※実施減点について※
手ではなく腕で受けた場合は0.1、前腕(肘から肩の間)で受けた場合は0.3の減点になる。また、キャッチし損ねて手元でファンブルした場合や、フープの一部が床についた場合なども実施減点になる場合があるので気をつけよう。

フープは雑にキャッチしても落とすことは少ないかもしれないが、基本に忠実で美しいキャッチをする選手と、つかみ取るようなキャッチの選手とでは、演技全体を通したときの印象はかなり違ってくる。「肘を伸ばして体から遠くでキャッチ」という基本を大切にしよう。

フープ操作の要・投げ受け完全マスター！

ポイント 6 「手で投げる」の バリエーションを 増やそう！

動画でチェック！

　手での投げだけでもフープはかなり多彩だ。しかも、Rでの投げの加点になるものや、DAの基準となるものもある（⇒ポイント15参照）。基本の投げをマスターしたら、さまざまな「手での投げ」に挑戦してみて、習熟度が上がったら演技にも取り入れてみよう。

　「ひらひら投げ」のような軸回転を伴う投げは、DAでは0.3のベースになっている。また、「背面投げ」は視野外の投げなので、DAの基準にもなり、Rでは0.1の加点も得ることができる。

　フープに関しては、2024年までは使われていた「片脚／両脚の下」というDA、Rに共通していた基準が、今回のルール改正で使えなくなったものがある。Rでは「軸回転を伴う投げ」も追加の基準ではなくなっている。

ここがポイント！

　フープは、投げる前に一度、引いたときにフープの重みを感じながら引き、そこからリズムよく投げへと転じることでスムーズな投げになる。力づくで投げないように心がけよう。

手で投げる

1 斜めの投げ

膝を曲げながら、フープを一度後ろに引く。

膝の屈伸を使い、上体をやや斜めに傾け、腕を外側から斜めに振り上げながら体の側面の肩くらいの高さでフープを放す。

フープの軌跡をしっかり目で追う。

Check1 フープの面を傾けているか。
Check2 腕の振り上げが斜めになりすぎていないか。
Check3 屈伸を利用して、肘を伸ばして投げているか。

2 両手投げ(俗称:ひらひら投げ)

膝を曲げながらフープを下向きに、両手で持つ。

膝を伸ばし、フープの面が床と平行になるようにする。

フープを手前に返すようにして軸を回転させながら投げ上げる。

Check1 屈伸を利用して投げ上げているか。
Check2 肘を伸ばし、体に遠い位置で操作しているか。
Check3 手から放すときに回転をかけているか。

3 背面投げ

右手でフープを持ち、膝を曲げる。

膝を伸ばしながら、肘を上に引き上げフープを後ろに回す。

背面の肩くらいの高さで、放し高く投げ上げる。

Check1 屈伸を利用して投げ上げているか。
Check2 肩を柔らかくし、肘を引き上げられているか。
Check3 フープを放すとき、手のひらを後ろ向きにしているか。

どの種目でも「投げ」は演技の見せ場ではあるが、ことフープは、投げのダイナミックさは5種目中一番と言えるだろう。手での投げだけでも非常にバリエーションが多く、かなり得点源になるのでフープの投げは、ぜひ得意にしておこう。

フープ操作の要・投げ受け完全マスター！

ポイント7 テクニカルな演技に必須！「足での投げ」に挑戦しよう！

動画でチェック！

　フープの演技の中で、見ている人を一番ワクワクドキドキさせるのはダイナミックな足投げではないだろうか。**手ではなく、足で投げることにも驚くが、フープは5手具の中でもっとも足投げで高さや距離が出る手具なので、そのスケール感のインパクトも大きい。**

　手での投げでは、引きから投げへのリズムが大切だが、足投げの場合は引きがない。そこを回転や脚の振り上げを使って投げるので、躊躇なく行うことが成功につながる。一度、タイミングが狂って大場外などしてしまうと、つい慎重になってしまいがちだが、慎重にやっても足投げは成功しない。

　常に同じように一連の動きができるように練習を積み、いざ投げるときは思い切りよくやる！ことを心がけよう。

ここがポイント！

フープの足投げには、パンシェやもぐり回転、プレアクロバットなどを使うことが多い。これらが勢いよくスムーズにできないと、足投げは難しい。身体難度やプレアクロバットの精度を十分に上げておこう。

足で投げる

1 パンシェ投げ

外向きにした左足をフープの上に置き、右足を一歩前に出す。

上体を前に倒し、フープを掛けて左足を後ろに振り上げる。

後ろに振り上げた足のつま先を伸ばし、フープを放す。

Check 1 フープを掛ける足は外向きになっているか。

Check 2 つま先を伸ばし、フープを放すタイミングは適切か。

Check 3 上体を下げすぎず、キープできているか。

2 もぐり投げ

フープの下に外向きにした左足を入れ、右足を浮かす。

右足をフープの外側についてもぐり回転に入る。

もぐり回転しながら、つま先を伸ばし左足に掛けたフープを投げ上げる。

Check 1 フープを掛ける足は外向きになっているか。

Check 2 つま先を伸ばし、フープを放すタイミングは適切か。

Check 3 もぐり回転は滞りなくできているか。

3 膝立ちからのパンシェ投げ

左膝を床につき、左足の土踏まずにフープがのるようにフープを置く。

左足にフープを掛けたまま、体を前傾し右足を一歩前に踏み出す。

右脚を軸脚にしてパンシェの体勢になり左足のフープを投げ上げる。

Check 1 フープをしっかり土踏まずの上に置いているか。

Check 2 膝立ちから立ち上がるときにフープを保持できているか。

Check 3 脚の振り上げは180度近くまで上がっているか。

 足を使ったフープの投げは、回転や振り上げなどの力をフープに加えるので、かなり勢いよく、高く投げ上げることができる。ダイナミックな DA に有効に使えるのでマスターしたい。

フープ操作の要・投げ受け完全マスター！

ポイント 8

「手以外のキャッチ」をマスターして演技の幅を広げる

動画でチェック！

　5手具の中で「手以外のキャッチ」のバリエーションがもっとも多いのが、フープだ。トップ選手たちも、フープの演技には「手以外のキャッチ」をふんだんに取り入れている。

　フープでの手以外のキャッチが多いのは、他の手具に比べてフープは大きく、その形状ゆえに「キャッチすべき位置」が厳密ではないためだろう。どこかに触れられれば、落下はしないですむ。フープがそういう手具だからこそ、「手以外」でのリスキーなキャッチにも挑戦しやすいのだろう。

　新体操のキャリアが浅く、難しいキャッチを演技に入れるのが不安な選手は、まずフープから「手以外のキャッチ」をやってみよう。はじめは、少々不格好でも、徐々に精度を上げていけるように練習しよう。

ここがポイント！

　床上でキャッチする場合は、一度床でバウンドさせると押さえにくく落下につながりやすい。落ちてくるフープを上から押さえる、または横からはさむようにして、バウンドさせないようにしよう。

24

手以外のキャッチ

1 立位で足で床に押さえてキャッチ

フープが落ちてくるのに合わせて、右脚を前に上げる。

落ちてくるフープを上から足で追いかける。

フープを床にしっかり足で押さえる。

Check1 足を上げるタイミング、位置は合っているか。

Check2 足でフープを追いかけるように押さえているか。

Check3 フープを押さえる足は外向きになっているか。

2 首で回してキャッチ

フープの落下点の少し後ろに入る。フープの中心よりやや後ろに入る。

上体をやや前傾して落ちてくるフープに頭を入れる。

フープが落ちてくるのに合わせて首を下げ、フープを回す。

Check1 フープの落下点の少し後ろに入っているか。

Check2 フープに頭を入れるタイミングは合っているか。

Check3 フープが落ちるのに合わせて回し始めているか。

脚ではさんでキャッチ

フープの落下点を見極めギリギリまで近づく。

フープが腰くらいまで落ちてきたときに脚を少し開いて両脚で1歩前に出る。

脚の間にフープをはさみ、同時に両手を上に上げる。

Check1 フープの面と体は垂直になっているか。

Check2 脚を開き前に出るタイミングは合っているか。

Check3 フープと体の距離感は適切か。

+1 落ちてくるフープを、そのまま受け止めるとフープは硬い手具なので、かなり衝撃がある。手でキャッチするときもなるべく高い位置でキャッチして衝撃を吸収するように、手以外での受けもなるべく落ちてくるフープの重さを柔らかく受け止めるようにしよう。

フープ操作の要・投げ受け完全マスター！

ポイント 9

「視野外のキャッチ」を使いこなして、熟練度を印象づけよう！

動画でチェック！

「視野外のキャッチ」は、どの手具でもスリリングで演技の見せ場になる。とくにフープは、手具が大きく存在感があるのでなおさらだ。スパンと大きく高く投げ上げたフープを、視野外でさらっとキャッチするのは見ていてもとても気持ちがいい。「テクニックのある巧（うま）い選手」という印象もつけられる。

さらに「視野外のキャッチ」には、キャッチする瞬間（しゅん）に手具を見ていないので、顔の表情による表現がし易いという利点もある。手具の落下点を確認するまでは手具のほうを見上げても、落下点に入ったら、手具のほうに視線をやらず落ちてくる手具の位置は気配で感じとり、顔は正面を向いて表現の見せ場にしよう。

フープは「視野外のキャッチ」もやり易い手具なのでぜひ挑戦（ちょう）してみよう。

ここがポイント！

視野外のキャッチでは、手具に手が触（ふ）れたところで安心せずに、安定する位置にフープをしっかりおさめよう。背面でのキャッチでは力の入れ具合も調整しにくいので最後まで油断しないようにしたい。

視野外のキャッチ

1　背面キャッチ

落ちてくるフープの中に、右腕から入れる。

右腕に続けてすぐに左腕も入れる。(できれば同時が理想)

両腕を開き、フープを体の背面の中心におさめる。

Check 1 フープに入るタイミングはいいか。(受けるときは視野外ゾーンに手具があること)

Check 2 両腕をできるだけ同時にフープに入れているか。

Check 3 両腕を入れ終えたときにフープが体の中央にきているか。

2　伏臥での足キャッチ

フープの中心の真下に膝がくる位置で伏臥になり膝を曲げる。

つま先がフープの中に入ったら、膝を伸ばし上体を上げてポーズ。

脚の膝下でフープを床に押さえる。

Check 1 フープの中心に膝がくる位置で伏臥しているか。

Check 2 膝を伸ばすタイミングは合っているか。

Check 3 上体を上げて美しい姿勢でフープを押さえているか。

※他にもこんなキャッチが！

落ちてくるフープを、伏臥になり両脚の間にはさむ。

落ちてくるフープを、足で踏んでキャッチ。

両腕を広げ、落ちてくるフープを肩でキャッチ。体の背面で。

＋1 背面でキャッチすることも多い「視野外キャッチ」では、肩の柔軟性が必要となる場合が多い。「肩キャッチ」なども、肩が硬い選手だと、腕の位置が十分に引けずにうまくフープがはまらないこともある。肩の柔軟性を高めるトレーニングも十分に行うようにしておこう。

COLUMN2

一人で努力できる才能

　フープに限ったことではないが、手具操作のうまさは、基本練習をどれだけ積み重ねてきたかにかかっている。特にフープは、存在感が大きな手具なので、たしかな基礎に裏打ちされた見事な操作は感嘆のため息を誘う。

　スピード感あふれる回し、スパッと空気を切り、どこまでも高く上がる投げ、体の上にレールがあるのでは？　と思うような転がしなど、フープ巧者の選手の演技には見どころが多い。

　そんな選手は、幼いころからさぞかし器用だったのだろうと思うかもしれないが、決してそんなことはない。ジュニア時代はあまり注目されていなかった選手も少なくない。

　では、なぜそんな選手がフープ巧者になれたのか？　期待の星ではなかった分、べったり指導されることなく、自分で考え工夫して練習することができたからではないだろうか。

　指導者が見ていなければ、練習しない選手もいると思うが、見てもらっていない時間が長くても、その時間を自分で考え、気がすむまで反復練習できる。そういう選手は間違いなく手具操作はうまくなる。

　一人でも努力し続ける才能をもってるからこそ、手に入るものがたしかにあるのだ。

フープの基礎技術を完全マスター！

「転がし」「くぐり抜け」「軸回し」など
DA（手具難度）にも使うことが多い基礎技術を
基本から徹底的にマスターして、
フープ扱いのテクニシャンになろう！

「転がし」「くぐり抜け」「回し」を完全マスター！

ポイント 10

腕や背中を通る「長い転がし」は正確&なめらかをめざす

動画でチェック！

転がしは、身体難度に伴って行う手具操作として使えるうえに、S（ダンスステップコンビネーション）中の手具操作としても使える。さらには、DAでも「投げ、受け、または身体上での大きな手具の転がし」は基準の１つとなっており、かなり汎用性が高い。(⇒ポイント15参照)

習得するまでは、ごく基本的な転がしでも、落下のリスクはある。ベーシックなものなら落下せずにできるようになってきても、より難しい場所での転がしをと志せばまた落下続きになるだろう。それでも転がし方ひとつでさまざまな表現ができるフープの転がしは、芸術性の高い演技には欠かせないものだ。

ここがポイント！

基本の転がし(指先から指先まで)をごまかしなくやるようにすることが、転がし名人への近道だ。「このくらいでいいか」ではなく完璧にできた！と思えるところまでやる執念深さを持とう。

腕・背中での長い転がし

1　指先⇒胸⇒指先の転がし

- Check1　フープの重さを感じながら転がせているか。
- Check2　手のひらが上に向くように腕を伸ばしているか。
- Check3　姿勢よく、両腕とも真っすぐに伸ばせているか。

2　指先⇒首の後ろ⇒指先の転がし

- Check1　フープの重さを感じながら転がせているか。
- Check2　手のひらが下に向くように腕を伸ばしているか。
- Check3　姿勢よく、両腕とも真っすぐに伸ばせているか。

3　腕⇒首の後ろ⇒背中の転がし

- Check1　フープがスムーズに転がるように体の傾きを変化させているか。
- Check2　転がし始めの腕はしっかり伸びているか。
- Check3　背中を転がしている間、姿勢を保てているか。

　「2部位の転がし」をベースとしたDAは、2024年までは床上で連続して実施されることが多かったが、2025年からは連続は3つまでが上限となったので気をつけよう。

31

「転がし」「くぐり抜け」「回し」を完全マスター!

ポイント11 投げ受けと組み合わせれば加点にもなる「くぐり抜け」を使いこなす

動画でチェック!

「くぐり抜け」は、FIGの育成プログラムでも、「転がし」「スイング、円、8の字」などと並んで、もっとも早く練習を開始し、もっとも早く習得する技術となっている。練習開始は6～7歳で8～9歳が習得の目安となっている。それだけ比較的取り組み易い操作であり、基本的な操作だと言えるだろう。

ただし、単独ではやり易い「くぐり抜け」だが、DAの基準にもなっており、Rの投げ、受けどちらでも使えるため、うまく使いこなせれば、かなりの得点源になる。簡単な「くぐり抜け」を練習するときから、フープを抜ける感覚を体得し、投げや受けの最中のあらゆる体勢でも抜けられるように、操作の精度を上げておこう。

ここがポイント!

年少者や初心者にとっては「くぐり抜け」は、非常に使い勝手のいい、頼りになる操作だ。身体難度に合わせる手具操作として使えば比較的ミスが出にくく、DBをしっかりとることができるだろう。

くぐり抜け

1　投げ＋くぐりながら側転

フープの落下点を確認し、両腕を上げて下に入る。

腕、上半身からフープに入りながら、側転に入る。

上半身がフープに入っている状態で側転する。

- **Check 1** 側転は、スムーズに美しく回れているか。
- **Check 2** キャッチでフープが床に触れていないか。
- **Check 3** フープが腰より下まで落ちないうちに側転を始めているか。

2　投げ＋くぐりながらジャンプ

フープの落下点を確認し、下に入る。

フープを体の前で両手でキャッチし、フープを跳び越える。

跳び越え終えてポーズ。

- **Check 1** フープの落下点はしっかり見極めているか。
- **Check 2** フープを跳び越すときつま先は伸ばせているか。
- **Check 3** なるべく体がフープに触れないようにくぐり抜けられているか。

3　フープのくぐり抜けから背面でキープ

①フープの落ちてくる位置を確認しながら下に入る。

②フープをくぐり抜けながらジャンプし、跳ね上げた後ろ脚でフープを引っかける。

③両腕を後ろに回し、フープの中に入る。

④腕を広げて背面でフープをキャッチ、保持する。

- **Check 1** フープの落下点はしっかり見極めているか。
- **Check 2** ジャンプするタイミングは適切か。
- **Check 3** 背面で腕をフープに入れるタイミングが遅れていないか。

 フープのくぐり抜けは、一般的なもののほかにさまざまなバリエーションがある。スピンをかけてフープを床の上で転がし、戻ってくるときにその中をくぐる、なども演技のアクセントになる。

「転がし」「くぐり抜け」「回し」を完全マスター！

ポイント 12 演技にメリハリをつける多彩な「回し」をマスターしよう！

動画でチェック！

手での「回し」は、フープの手具操作の中では基本中の基本で、難易度も高くない。新体操を始めたばかりの子どもが最初にできるようになる操作、でもある。それでいて、回す場所を変化させることで、かなりバリエーションが豊富で、演技の中でさまざまな使い方ができ、スピードをつけて回せるようになれば、回しているだけでもかなり迫力が出る。習得し易い技術であるが、奥深く使い勝手もかなりいいと言えるだろう。

こういう基本的な操作は、演技に入っているからと練習するのではなく、普段から遊びの中でやっていくとよい。サッカーをやっている子がリフティングするように、手具で遊ぶ中で技術を磨いていきたい。遊びの中で思いがけない使い方を発見することもあるはずだ。

ここがポイント！

昔流行したフラフープのような「腰での回し」も、演技には比較的よく使われている。腰でフープを回しながらジャンプしたり、ダイナミックなステップと合わせるとやり易い操作なので挑戦してみよう。

「回し」のバリエーション

1　脚で回す

右脚の足首にフープを掛け、左足で後ろに蹴って回す。

左足がフープに当たらないようにしながらフープを回し続ける。

左足は上げておくか、ステップでフープを超えるようにする。

Check 1 フープの面は安定して床と水平に回っているか。

Check 2 回し始めの蹴りは、素早く行っているか。

Check 3 軸脚ではないほうの脚がフープの回転を邪魔しないように意識しているか。

2　首で回す

フープを首にかけ、手で回転をつけて回す。

首の後ろをフープにつけることを意識しながら回す。

必ずどこかがフープに触れているように回す。

Check 1 フープの面は安定して床と水平に回っているか。

Check 2 姿勢よく背筋をまっすぐに伸ばして立てているか。

Check 3 フープが常に首のどこかに当たっているように意識できているか。

3　肘で回す

右肘を体に対して直角に上げ、フープを掛ける。

フープの重みを生かして回す。

肘の形、位置が変わらないようにキープしながら回す。

Check 1 肩が上がったりせず、腕が床に対して水平になっているか。

Check 2 姿勢よく背筋を真っすぐに伸ばして立てているか。

Check 3 フープの面はぶれることなく安定して回っているか。

+1 フープを回すこと自体は、決して難しくはないが、身体の2か所以上を移動して回し続けるとかなりインパクトがある。最近は、これでもかとさまざまな位置でフープを回し続けながらエネルギッシュに踊るステップなども演技中によく見られるようになった。究めれば「回し」も大きな武器になる。

「転がし」「くぐり抜け」「回し」を完全マスター！

ポイント13 演技のアクセントに！さまざまな「軸回し」を使いこなそう

動画でチェック！

「軸回し」は、初心者でも比較的習得しやすい操作なので、ジュニア選手の演技を分析してみると、だいたい3〜4回は入れている例が多い。

多いのが、バランスをしながら手での軸回し、または床上で軸回しをしながらのバランスもよく見る。少し高度になると、ジャンプやバランス中にフープの持ち替えをしながらの軸回しもある。

最近の演技では、ステップ中にも手具操作が必要なので、ステップに華やかさを加えられる軸回しは重宝されている。

取り組みやすい操作なので、ベーシックなものから始めて、ある程度できるようになってきたら、バリエーションを増やすことに挑戦したい。フープがくるくると軸回転する様子は、演技中のちょっとしたアクセントになるので、手で行うだけでなく、身体上のいろいろな場所で回せるように練習してみよう。

ここがポイント！

フープの軸回しは、できるようになってから発展させていくことを楽しめるようにしたい。初心者なら、遊びの中で身体のいろいろな場所で回してみたり、手のひらでどれだけ長く軸回しできるか、挑戦してみよう。

36

「軸回し」のバリエーション

1 首の周りでの軸回し

胸の前で両手でフープを持つ。

首の周りでフープを回転させる。

回転し終えたら、右手でキャッチ。

Check 1 フープの面は床に対して垂直になっているか。

Check 2 猫背やいかり肩にならず姿勢よく立っているか。

Check 3 フープには思い切りよく回転を与えているか。

2 背中で持ち替えながらの軸回し

フープを右手に持ち軸回しをする。

軸回しをしながら右手を後ろに回し、背面でフープを持ち替える。

左手でも軸回しをしながら、フープを体の横までもってくる。

Check 1 持ち替えの前後の軸回しは継続しているか。

Check 2 背面での持ち替えは滞りなくできているか。

Check 3 肘を伸ばし、なるべく体から遠くで操作しているか。

※他にもいろいろな軸回し

右手の手のひらにフープをのせる。

手のひらでフープを軸回しする。

右手を肩の高さに上げてフープを持つ。

右手に持ったフープを軸回しする。

「軸回し」は、まず床の上で回せるようになるのが第一歩だ。いきなり手に持ったフープを回すのではなく、まずは床上で軸回しの感覚を覚えてから、手での軸回しへとステップアップしよう。

37

「転がし」「くぐり抜け」「回し」を完全マスター！

ポイント 14 表情豊かな演技のために フープならではの多彩な操作を知ろう！

動画でチェック！

ここにあげた例は、それぞれはそれほど難しい操作ではない。しかし、じつは演技中にはよく使われている汎用性の高いものばかりだ。

フープの床上での引き戻しは、戻ってきたフープを前方転回で大きく蹴り上げるような大技にも発展するし、縄跳びのような跳び越しも、回転ジャンプしながら複数回続ければ、躍動感あふれるステップになる。

手具操作が多彩だと、演技にさまざまな表情が見えてくる。自分の得意なものから徐々にでよいので、できる操作を増やしていこう。

ここがポイント！

国際大会を見ていると、海外の選手の手具操作はじつに多彩だ。特にフープは、ダイナミックで面白いものが多い。YouTubeなどで海外の選手の演技を見て、研究してみよう。

1 フープを床上で転がし、引き戻す

フープを後ろに引き、逆回転を加えながら、床上に転がす。

床を転がったフープが戻り始めたのを確認する。

フープが近くまで戻ってきたらキャッチする。

フープならではの独特の操作

2 フープを縄跳びのように跳ぶ

両手でフープを持ち、頭上にあげる。

フープを前から後ろに回し、その上を跳び越える。

跳び越し終わったら再びフープを頭上にあげる。

5 床上でフープを回す

体の斜め前の床上でフープを支える。

3 顔の前でフープを水平に回転させる

体の前に、両手でフープを持つ。

顔の斜め前くらいの位置でフープを小さく投げ回転させる。

1回転させてキャッチする。

床上でフープをひねり、軸回転させる。

4 フープを身体の上から下にくぐり抜ける

右手でフープを高くかかげ、フープの下側が背中につくようにする。

フープを斜めに首に掛ける。

右手をフープから放し、斜めに下ろす。

腰のあたりで右手でフープを持ち、左肩に掛かっているフープを肩から下ろす。

+1 大きさのあるフープは、5手具の中でも操作の見せ場が作りやすく、工夫のしがいのある種目だ。基本的な技術を身につけたら、それにプラスしてより面白く魅力的な操作ができないか試してみよう。

COLUMN 3

教えてみすず先生!②
審判の採点は公平ですか？

　審判資格をもっている人たちは、年間何日も講習を受け、それ以外でも日々勉強を重ねています。とくに全日本レベルの大会の審判となると、審判としてのテストの成績や審判としての実績などで選び抜かれた人しか入れません。審判は選手の演技を評価し、採点する立場にありますが、同時に審判として常に評価にさらされてもいます。

　もちろん、審判も人間ですから、間違うことはないとは言えません。「好み」に関していえば、審判の中でも意見が分かれることも当然あります。だから、すべての人に納得してもらえるような採点をすることはかなり難しいとは思っています。ただ、それでも「あの人が採点したのなら」と、信頼してもらえるような審判でありたいと常に願い、努力もしています。私だけでなく、他の審判の先生方もほとんどがそうだと思います。

　ときには、審判が公平ではないように感じることがあるかもしれません。採点に不満があればそうなるのは当然です。ただ、そもそもなぜ「採点」してもらうために試合に出るのか、をよく考えてほしいと思います。試合に勝ちたいから出る、そういう面もあるとは思います。が、ほとんどの試合は「現状を把握するため」に出るのではないでしょうか。思ったよりも悪い点数だったとしても、「どこが評価されなかったのか」を振り返り、次に生かせるようにしてほしいですね。

手具操作の見せ場「DA」で点数を積み上げよう（フープ）

近年の新体操で大きな意味をもつ「DA」。
そもそも「DA」って何のこと？
「DA」の点数はどうやって決まるの？
どんな操作が「DA」になるの？
そんな疑問を解決しよう。

手具操作の見せ場 「DA」で点数を積み上げよう（フープ）

ポイント **15**

「DA」の種類、考え方をしっかり理解して、使いこなせるようにしよう

　リオ五輪（2016年）後のルール改正で導入された「DA」（手具難度）は、新体操の概念を大きく変えた。【ベース】＋2つの基準を満たす操作を「DA」とし、その組み合わせによって0.2〜0.4の得点を与えるという考え方は明快で、客観的な公正さがあった。しかし、2021年の東京五輪までは、「DA」の数に上限がなかったため、1つの作品

DAの【ベース】となる手具操作 ※フープ

フープ特有の手具操作	
大きな2部位の転がし	軸回転を伴う高い投げ
軸回し	4手具共通
手や体の周りでの回し	高い投げ
くぐり抜け	高い投げからの受け
床上での転がし	低い投げと受け
床上での軸回し	手を使わない手具の持ち替え
大きな2部位を滑らせる	投げ/突き/押し、体でのリバウンド

フープのDA（【ベース】＋基準2、または【ベース】2＋基準1にて成立）

ベース	価値点	基準						
		視野外	手以外	脚の下	回転中	床上	波動	DB
大きな2部位の転がし	0.3	○	○	×	○	○	○	○
軸回し	0.3	○	○	×	○	○	○	○
手や体の周りでの回し	0.2	○	×	×	○	○	○	○
くぐり抜け	0.2	○	○	○	○	○	○	○
床上での転がし	0.2	○	○	○	○	×	○	○
床上での軸回し	0.2	○	○	○	○	×	○	○
手を使わない手具の持ち替え	0.2	○	×	×	○	○	○	○
大きな2部位を滑らせる	0.2	○	○	×	○	○	○	○
低い投げと受け	0.2	○	○	○	○	×	○	○
投げ/突き/押し、身体でのリバウンド	0.2	○	○	○	○	×	○	×
高い投げ	0.2	○	○	○	○	○	○	○
軸回転を伴う高い投げ	0.3	○	○	○	○	○	○	○
高い投げからの受け	0.3	○	○	○	○	○	○	○

DAの種類

にいかに「DA」を多く入れられるかの勝負になってしまった面は否定できない。

そして、2022年のルール改正によって、DAの回数には上限が設けられ、損なわれがちだった「芸術性」をジャッジする審判が実施とは別に置かれるようになった。今回のルール改正ではDAの上限がジュニアは12、シニアは15になった。2024年まではジュニア15、シニア20だったので、「DA頼みの演技」にはならないように、という意図が感じられる。

DAはたしかに、見ていて面白い、スリリングなど、演技の良いアクセントになる面はある。手具操作と身体表現の組み合わせという、新体操ならではの良さを体現しているとも言えるだろう。だからこそ、今回のルール改正でも生き残り、マイナーチェンジこそはあれど「DA（手具難度）」は継続された。

この先も、新体操においては、欠かせないものになりそうな「DA」の考え方を整理してみよう。「DAは、1つの【ベース】+2つの基準を満たす手具による難度のこと」だが、この【ベース】とは何か。

ここがポイント！

2024年までは基準として認められていたが、今回のルール改正では「脚の下」「床上」は認められない場合が増えた。また、床に寝た状態でのDAは連続3つまでしか認められず、4連続になると0.3減点になるので気をつけよう。

ベースは手具によって違うので、ここではフープの【ベース】を表にまとめておく。DAには、必ずこの【ベース】から1つ（2つでも可）を行うことが必要となる。

さらに、基準と呼ばれる要素、この中の最低2つを満たしながら【ベース】を行うことでDAが成立し、【ベース】の種類によって0.2〜0.4の得点を得ることができるのだ。まずは、どの手具操作が何点の価値をもった【ベース】になるのかを知り、そこにどう基準を追加すればよいか、参考になる動画などを見て研究しよう。

0.2
【低い投げ】＋回転中＋手以外＋視野外

0.2
【低い投げ】＋手以外＋視野外

0.3
【高い投げ】＋回転中＋手以外＋視野外

0.3
【長い転がし】＋波動＋視野外

手具操作の見せ場「DA」で点数を積み上げよう（フープ）

ポイント 16

意外と簡単なものも。0.2のDAには怖がらずにチャレンジ!

動画でチェック!

　2025年ルールからは、DAは必須ではなくなったのでジュニア選手や初心者は無理に入れる必要はない。が、先のことを考えれば少しずつでも、DAに取り組み、自信をもってできるものを増やしておきたい。

　まずは、高い投げや大きな転がしなど、落下のリスクが大きい操作なしでもできる0.2のDAからやっていくとよいだろう。フープでは【くぐり抜け】【手や身体の周りでの回し】【低い投げ】などをベースにしたDAからまず始めてみよう。【身体でのリバウンド】もフープでは比較的やり易い操作なので何かDAができないか工夫してみよう。ジュニアならば技を習得しようと必死になるのではなく手具で遊ぶ、そんな感覚の中からできるDAが増えていけば理想的だ。

ここがポイント!

フープの特例として【高い投げからの受け】と【身体でのリバウンド】の2つのベースを満たせば基準はなくてもDAとして成立する。ぜひ挑戦してみよう。

---

1 【低い投げ受け】【くぐり抜け】＋手以外＝0.2

①床面と水平に小さく投げ上げたフープの落下点に入る。

②フープをくぐり抜けながら脚でフープを後ろに跳ね上げる。

③跳ね上げたフープを背面でキャッチする。

Check 1 フープの落下点をしっかり見極めているか。
Check 2 後脚を曲げるタイミングは適切か。
Check 3 フープが落ちてきた後、ジャンプしているか。

価値点0.2のDA

2　【低い投げ受け】＋回転中＋手以外＋視野外＝0.2

①床面と水平に小さく投げ上げたフープの落下点に入りながらもぐり回転に入る。

②背面でフープをキャッチしながらもぐり回転する。

③背面でフープを保持したまま起き上がる。

Check1　フープの落下点はしっかり見極めているか。

Check2　フープを背面でキャッチできるタイミングでもぐり回転を始めているか。

Check3　もぐり回転はスムーズに起き上がれているか。

3　【低い投げ受け】＋手以外＋視野外＝0.2

①床上に寝そべり、床面と水平にフープを投げ上げる。

②落ちてきたフープを首の後ろとふくらはぎで受け止める。

③腕と上体を上げ、膝も折ってしっかりフープを保持する。

Check1　フープを投げる位置は適切か。

Check2　フープの落下と膝を曲げるタイミングが合っているか。

Check3　上体は十分に上がっているか。

4　【低い投げ受け】＋回転中＋手以外＝0.2

①右腕でフープを転がしながら、体を回転させる。

②フープが首の後ろを過ぎたあたりで回転を利用してフープを跳ね上げる。

③浮き上がったフープが落ちてきたらキャッチする。

Check1　体を回転させながらフープがしっかり転がせているか。

Check2　フープが首の後ろを通り終えてから跳ね上げているか。

Check3　しっかりフープを見て確実にキャッチしているか。

　フープの【低い投げ】では、床面と水平に投げるものも多い。コントロールしやすく、くぐり抜けや軸回転などもつけやすく使い勝手のよい投げなので自在に投げられるよう練習しておこう。

手具操作の見せ場「DA」で点数を積み上げよう（フープ）

ポイント 17

演技をスリリングにする投げ受けのあるDAもやってみよう

動画でチェック！

　手具の投げ受けは難しい。初心者にはもちろんのこと、熟練した選手でも「まさか」のミスが出てしまうのが投げ受けだ。とくに「高い投げ」となると、力が入ってしまい思いがけないところに飛んでしまい、場外！にもなりかねない。

　ルール上は、DAやRは必須ではなくなったので、投げ受けの確率が低い間は無理に入れる必要はないと思う。しかし転がしや軸回しなどがやったつもりでいても、不正確だとカウントされないのに対して、投げ受け（とくにフープは）は成功さえすればほぼ認められる頑張りがいのある操作でもある。怖がったり、苦手意識をもったりせずにはじめは落下しても練習を続け、確実にできる投げ受けを増やしていこう。

ここがポイント！

「受け」を成功させるポイントは、落ちてくる手具との位置とタイミング。この2つが安定すれば成功の確率は上がる。成功したときの手具との間隔、キャッチの体勢を作るタイミングを把握し、毎回それができるように練習していこう。

1【高い投げからの受け】＋手以外＋視野外＝0.3

落ちてくるフープの中に、右腕から入れる。

右腕に続けてすぐに左腕も入れる。（できれば同時が理想）

両腕を開き、フープを体の背面の中心におさめる。

Check 1　フープに入るタイミングはいいか。（受けるときは視野外ゾーンに手具があること）

Check 2　両腕をできるだけ同時にフープに入れているか。

Check 3　両腕を入れ終えたときにフープが体の中央にきているか。

投げ受けのあるDA

2【高い投げ】＋回転中＋手以外＝0.2

フープの下に外向きにした左足を入れ、右足を浮かす。

右足をフープの外側についてもぐり回転に入る。

もぐり回転しながら、つま先を伸ばし右足に掛けたフープを投げ上げる。

- **Check 1** フープを掛ける足は外向きになっているか。
- **Check 2** つま先を伸ばし、フープを放すタイミングは適切か。
- **Check 3** もぐり回転は滞りなくできているか。

3【高い投げ】＋手以外＋視野外＝0.2

外向きにした左足をフープの上に置き、右足を一歩前に出す。

上体を前に倒し、フープを掛けた左足を後ろに振り上げる。

後ろに振り上げた足のつま先を伸ばし、フープを放す。

- **Check 1** フープを掛ける足は外向きになっているか。
- **Check 2** つま先を伸ばし、フープを放すタイミングは適切か。
- **Check 3** 上体を下げすぎず、キープできているか。

4【高い投げからの受け】＋床上＋手以外＋視野外＝0.3

フープの中心の真下に膝がくる位置で伏臥になり膝を曲げる。

つま先がフープの中に入ったら、膝を伸ばし上体を上げてポーズ。

脚の膝下でフープを床に押さえる。

- **Check 1** フープの中心に膝がくる位置で伏臥しているか。
- **Check 2** 膝を伸ばすタイミングは合っているか。
- **Check 3** 上体を上げて美しい姿勢でフープを押さえているか。

【低い投げ】のDAは0.2だが投げに選手の身長の2倍を超える高さが出てくれば、0.3の価値がある【高い投げ】と認められる場合もある。慣れてきたら徐々に投げに高さが出るように練習していくとよいだろう。

手具操作の見せ場「DA」で点数を積み上げよう（フープ）

ポイント 18

投げ受けなしでも0.3になるDAに挑戦！

動画でチェック！

　見るからにリスクの高い【高い投げ受け】がなくても、0.3のDAを成立させることはできる。フープにおいては【大きな2部位の転がし】と【軸回し】が、0.3のベースとなっている。この2つの操作は、汎用性が高くDA以外にもさまざまな場面で使えるため、練習する頻度も高いはずだ。それだけに手以外、視野外、回転中などの基準をつけることにも挑戦しやすいのではないかと思う。とくに投げ受けに苦手意識がある場合は、転がしと軸回しに焦点を絞って強化する手もある。

　転がしは、価値が高いだけでなく、フープの演技に、フープならではのスピード感やスケール感を与えてくれる。今回のルール改正でより重視されるようになった芸術性での評価を高めるためにも転がしの上達は不可欠と言えるだろう。

　【大きな2部位の転がし】はとくに、ただ漫然と転がすのではなく、フープが転がっている時間を使って体や顔の表情などで表現を見せられるチャンスだ。そのためにも転がしは余裕をもって成功させられるようにしたい。

ここがポイント！

【大きな2部位の転がし】【軸回し】をベースにしたDAでは、2024年までは有効だった「脚の下」が今回の改正で無効になっている。今までやっていたDAが無効にならないかチェックしておこう。

1　【2部位の大きな転がし】＋波動＋視野外＝0.3

①前に出した腕でフープを転がしながら波動を始める。

②波動しながら肩から背中へとフープを転がす。

③転がし終えたらフープをキャッチし、波動の最後の伸びを行う。

Check 1　波動をしながらもフープの通り道は動かないようにしているか。

Check 2　腕の一番遠いところから転がし始めているか。

Check 3　転がしに気をとられて波動が浅くなっていないか。

投げ受けのない価値点0.3のDA

2 【2部位の大きな転がし】＋回転中＋視野外＝0.3

①右腕でフープを転がしながら側転に入る。

②フープが首の後ろを通ったあとに右腕を床につく。

③腕までフープを転がし終えたらフープをキャッチし起き上がる。

- **Check 1** フープは右腕の一番遠いところから転がし始めているか。
- **Check 2** 側転の手をつくタイミングは適切か。
- **Check 3** 側転に気をとられてフープの通り道が傾いていないか。

3 【軸回し】＋回転中＋視野外＝0.3

①床上で膝を伸ばしたまま後転に入る。

②お尻が上がり脚が床と平行に近くなったところで、脚の上で軸回しをする。

③軸回しが360度回ったらフープをキャッチし後転から膝立ちになる。

- **Check 1** 軸回しを始めるタイミングは適切か。
- **Check 2** 軸回しをしている間、膝はしっかり伸びているか。
- **Check 3** 後転はスムーズに回れているか。

4 【軸回し】＋回転中＋視野外＝0.3

①体を回転させながら、肩の上でフープの軸回しを始める。

②回転しながら背中でフープの軸回しを行う。

③360度回ったらフープをキャッチする。

- **Check 1** 背中で軸回しができるように上体を前傾姿勢にしているか。
- **Check 2** フープがしっかり360度回転してからキャッチしているか。
- **Check 3** 体は360度回転しているか。

フープの【軸回し】は、DAだけでなく身体難度中の手具操作としても使えるし、ステップ中にも音に合わせてアクセント的に使うこともできる。使い道の多い操作なのでたくさん練習して得意にしておこう。

49

COLUMN 4

正確なフープさばきの源

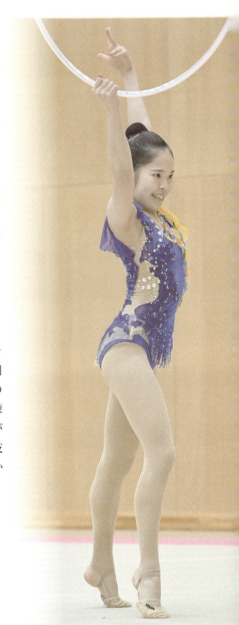

　日本女子体育大学の卒業生である猪又涼子は、とても良い選手だった。

　競技成績も立派なものだったが、彼女の努力し続ける姿勢は、学生ながらも尊敬に値するものだった。

　そんな努力家だからだろう。彼女の手具操作はとても正確で、その正確さを武器にとても難しい演技にも挑戦し、確実にモノにしてきた。

　大変な練習量に違いないのに、彼女は大変そうな顔もしない。いつもニコニコと今でも新体操が楽しくてたまらないという表情を4年生になっても見せてくれていた。

　本人に訊いてみたことがある。

　なぜそんなに正確にできるのか、と。

　彼女の答えはシンプルだった。

　「大学では十分に練習時間があるから」

　猪又涼子は高校時代、団体と個人の選手を兼任していた。それで3年生のときは団体、個人とも高校総体で優勝している。それほどの練習をこなしていたことを思えば、個人の練習だけできる大学での練習はたっぷり時間があるらしい。しかも、団体と違って個人競技は、手具は自分で投げて自分で取るのだから、ミスする理由がなかったのだ。

Part 5 ボール操作の基本を身につける

「投げ受け」「転がし」「突き」
高度な技を積み上げていくためにも
クオリティの高い演技をするためにも必要な
ボール操作の基本中の基本を確認しよう!

ボール操作の基本を身につける

ポイント 19

実施減点を減らす第一歩「ボールの正しい持ち方」を確認しよう!

「ボールを持つこと」自体、それほど難しいことではない。いや、むしろ簡単だとたいていの人は思うだろう。しかし新体操ではボールはつかんではいけないことになっている。

ところが、演技中の写真を細かくチェックすると、日本代表選手でさえも、つかんでいるように見える瞬間はある。つまり、それだけボールをつかまずに正しく持つというのは難しいのだ。

新体操を始めたばかりのころは、「つかまないで」と指導されても、そんなの無理！とばかりに、ボールがへこむほどしっかりつかんでしまいがちだ。落としたくないからとそれを続けていると、癖になってしまう。

ボールを保持したり、スムーズに転がすには、その重さを感じることが重要になる。**手のひらにボールを収める感覚をつかむには、ボールを手のひらにのせて、落とさないように腕を前や後ろに振るという基本的な練習をするとよい。**ボールの重さがしっかり感じられれば、次第にボールはつかまなくても、手のひらに吸いつくようになる。

GOOD!

指を閉じてボールを持っており、姿勢も素晴らしい！

NG!

大きく指を開いてボールをつかんでいる。

ここがポイント!

次の操作を急いで、ボールの重さが手のひらにのりきれないうちに手を動かすとボールは落ちてしまう。ボールはあわてず、ていねいに扱おう。

持つ手の指は閉じておく。これが開くと審判席からもつかんでいるのが見える。

ボール操作の基本を身につける

ポイント 20 正確なコントロールの源「投げ受けの基本」をマスターしよう!

動画でチェック！

膝を曲げ、ボールを投げるほうの腕は下まで引く。ボールの重さを感じてつかまないように。

膝を伸ばすと同時に腕を振り上げ、高い位置でボールを離す。膝の屈伸の力をボールに伝えるように。

キャッチするときはしっかりボールを見て、指から迎えにいくイメージで。

ここがポイント！

キャッチでボールに手を触れるときは、手のひらからではなく指から触れていくように意識しよう。手のひらだと弾いてしまう。

ボールに限らず、どの手具でも新体操の投げは、腕の力や振りだけに頼るのではなく、全身運動で投げることを意識したい。

ボールの場合は、しっかりボールの重さを感じ、ボールを持つほうの腕は下に下げ、膝を屈伸した姿勢で投げの構えに入ることがまず重要だ。試しに、突っ立ったままの姿勢で腕も下げないでボールを高く投げてみてほしい。そう高く投げ上げられるものではない。

十分に膝を屈伸してから膝を伸ばすのに合わせて、腕を上に振り上げボールは頭の斜め前の高い位置で離すように心がけよう。肘はしっかり伸ばすこと、また腕を引く（スローイング）ときに後ろまで引きすぎないことをしっかり意識しよう。

ボールを受けるときは、投げのちょうど逆で、腕を伸ばしてなるべく高い位置でボールに手を触れ、ボールが落ちてくるのに合わせて腕を引くのが基本だ。（⇒ポイント23参照）ここでもボールをつかみ獲るような受け方はしないように注意したい。

ボール操作の基本を身につける

ポイント 21

ボールならではの柔らかさを表現できる「転がし」の基本を押さえよう

動画でチェック!

新体操のルールはよく変わるので、そのときのルールによって「流行」がある。つまり、その時代のルールにとって加点につなげやすいお得な難度や操作は、多くの選手が作品に入れてくるのだ。

「転がし」は、ボールを象徴する、とても魅力的な操作だが、2000年代は手具操作のポイントが低かったため、あまり多用されていなかった。

が、2013年以降、手具操作や表現の重要性が高まってくると、入れる選手も多くなり、非常に高度な転がしも見られるようになってきた。（⇒ポイント28〜30参照）

うまくできるようになれば、転がしは大きな武器になる。DAやSにも使えるし、Rの受けにも使える。なんと言ってもボールならでは女性らしいおやかな表現には欠かせない。ボールの重さをしっかり感じて、体に吸いつくように転がす。また、ボールを動かすのではなく、体のほうを合わせていくイメージで転がすといった基本を意識して練習しよう。

肘をしっかり伸ばして、ボールをてのひらにのせて構える。

指先で少し押すようにして、ボールを転がし始める。

肘を曲げないように気をつけながら、ボールの重さを感じて転がす。

ここがポイント!

転がし始めは、腕での転がしの場合は、軽く指で押す程度で、あまり勢いはつけないほうがよい。勢いをつけすぎると腕の途中でこぼれてしまう。

ボール操作の基本を身につける

ポイント 22

ADやRでの加点にも。「突き」の基本をしっかり押さえる!

動画でチェック!

「突き」の代表的なものは、床での小さくリズミカルな突きだ。この突きは、難度中の操作として使うことができ、落下などのリスクが少ないので、初心者にとってはかなり使い勝手のいい操作だ。

一方、同じ突きでも、床に強くたたきつけ高さを出すもの。これはややコントロールが難しくなる。思いがけない方向に弾んでしまっては、落下や次の動きにつなげられない、ということになりかねない。しかし、難易度は上がるが、この高い突きは、そのまま投げにつなげてRの加点を狙うこともできる。DAでも突きの後の投げは使えるので、うまくコントロールできるように練習したい。

さらに、床ではなく身体の一部（膝・肘・背中など）での突きもある。これも難度中の操作になるだけでなく、Rの受けで行えば加点になるし、DAにも使える。なかなか使い勝手のよい操作だ。

初心者でも取り入れやすい小さな突きから、演技のアクセントにもなる難易度の高い突きまであり、「突き」という操作はかなり奥が深い。まずは、簡単な突きから力の入れ具合とはね返り具合をしっかり把握し、自在にコントロールできるようにしていきたい。

ボールだけを意識するのではなく、美しい姿勢で突くようにしよう。

ジャンプしながら脚でボールをはね返す難しい突き。

突くときには、手のひらが反り返らないように、やや丸めるようにしよう。

ここがポイント!

小さな突きは、3回連続してはじめて操作になる。明確に、そしてリズミカルに3回突くように意識したい。

COLUMN5

教えてみすず先生！③
表現力はどうしたら身につけられますか？

　天性の表現力をもった人なんて、そうそういないと思います。新体操だけはなく、バレエやダンス、ピアノや歌など様々（さまざま）な「表現力」が求められるものに打ち込んでいる人達の大半は「もっと表現力があればなあ」と思っているんじゃないでしょうか。

　表現力がないと言われてしまう人は、おそらくもともと「表現したいという気持ちが少ない」のではないかと思います。気持ちがないのに、顔の表情や指先の動きなど小手先で表現力がある風に見せても、それは本物ではないですよね。技術的には拙（つたな）かったとしても、溢（あふ）れるくらいに「表現したい気持ち」を持っている人が踊れば、それは人の心を捉（とら）えます。まずは、自分の感情の起伏（ふく）をもっと大きくすることを日々の生活の中で心がけてみましょう。そうすれば「表現したい気持ち」が自ずと生まれてくると思います。

　私が指導しているジュニアクラブでは、幼い子ども達には発表会でも日本語の歌の曲で踊らせることが多かったです。幼い子どもでも意味がわかり、感情移入しやすい曲で踊ったほうが子どもなりに表現できると思っていたからです。

　もう高校生だから、大学生だからと急に「表現力」を求められても、それまでに表現してきた積み重ねもなく、感情を育てることもしていなかったら、「表現力って？」と頭を抱えてしまうのも無理はないのです。一朝一夕に手に入れることは難しいですが、今からでもやれることをやっていけば、きっと変わってくると思います。なによりも変わりたい！ という気持ちをもつことが大事なのです。

Part 6
ボール操作の要・投げ受け 完全マスター！

演技の最大の見せ場となる「投げ受け」
落下すればどこまでも転がるボールの投げ受けは
ひときわスリリング！
演技の幅(はば)を広げる様々な投げ受けのコツを公開！

ボール操作の要・投げ受け完全マスター！

ポイント 23

基本だけど難しい「片手キャッチ」でのミスを減らそう！

動画でチェック！

野球やバスケットボールなど、ボールを扱う競技であれば、「片手で投げて、片手でキャッチする」のはごく当たり前のことで基本中の基本だ。最初にできるようになること、とも言える。

ところが、新体操では、「ボールの片手キャッチ」は、「R」や「DA」において0.1の加点が認められている。つまり、それだけ難しいのだ。

「高い位置でボールに触れること」「ボールの落下に合わせて腕を引くこと」が片手キャッチを成功させるポイントであることは、経験者の誰もが言う。ただ、そこは理解できていても、腕を引く前の段階、ボールに触れるところではじいてしまうというミスをする選手も少なくない。初心者はどうしても手のひらでボールを捕まえにいってしまいがちだが、そうではなく、指から先にボールに触れること。そこを意識するだけで成功率はぐっと上がる。

ここがポイント！

「手のひらで受けない」のほかに気をつけたいのが、手全体に力を入れすぎないことだ。手や指に力が入ってしまうと、ボールをはね返してしまう。あくまでもボールに手を添える、というイメージでキャッチしよう。

片手キャッチ

1 片手での投げ

①ボールを手のひらにのせ、腕を前に伸ばし、投げの構えに入る。

②ボールの重さを感じながら、腕を下に下げると同時に膝を曲げる。

③膝を伸ばしながら、腕を斜め上に上げ、高い位置でボールを離す。

Check 1 ボールをつかまないように、重さを感じながら手のひらにのせているか。

Check 2 投げる前に、膝をしっかり曲げているか。

Check 3 肘を伸ばし、ボールを高い位置で離しているか。

2 片手キャッチ

①落ちてくるボールに向かって腕を伸ばす。

②ボールに指先から触れるイメージで受け、指に触れたらボールに合わせて腕を引く。

③腕を引くと同時に膝も曲げ、柔らかくキャッチする。

Check 1 十分に腕を伸ばし、高い位置でボールを受けているか。

Check 2 手に力を入れすぎず、指からボールを迎えにいっているか。

Check 3 ボールを受けたら、重さを感じながら腕を引いているか。

※ありがちNG

NG1 胸に抱え込んでしまっている。

NG2 肘が曲がり、腕で受けている。

NG3 手首を曲げ、指を開いてボールをつかんでいる。

+1 「手以外」「視野外」「回転中のキャッチ」などに比べると、「片手キャッチ」は難しさのわりに地味だ。できてしまえば当たり前にしか見えない。しかし、これを極めてスムーズに正確に行うことのできる選手は、「ボール扱いがうまい」という印象をしっかり刻みこむことができる。とくに審判にはその差ははっきりとわかるものだ。地味でも難しい、そこをきっちり押さえておくことは選手としての格を上げることにもつながるのだ。

ボール操作の要・投げ受け完全マスター！

ポイント24 「手で投げる」のバリエーションを増やそう！

動画でチェック！

　ボールは、5手具の中でもっとも「保持することが難しい」手具だ。それゆえに投げ方にも工夫の余地が少ない。だからこそ種類の少ない手での投げは、どれも得意と言えるくらいに精度を上げておきたい。

　投げの精度が高ければ、投げの最中に回転を入れたり、受け方を工夫することもできる。他の手具に比べると投げるときの持ち方が定まりにくいので、投げのコントロールがつきにくいが、自分なりのコツを見つけて、コントロールできるようにしていきたい。

　回転しながらの投げは、不慣れな間は、ボールを投げる前に落下してしまうこともあるだろうが、点数を上積みするためには欠かせない投げなので粘り強く練習しておこう。

ここがポイント！

　ボールの投げにはあまりバリエーションがない。そのため、背面や回転しながらの投げはマスターしないと演技の幅が広がらないので、完璧に減点なくできるようにしておきたい。

60

手で投げる

1 両手での投げ

① 両手でボールをはさみ、肘を真上に上げ、首の後ろでボールを構え、両膝を曲げる。

② 膝を伸ばしながら、ボールをはさんだまま腕の位置を変えずに振り上げる。

③ 肘をまっすぐに伸ばし、頭の真上でボールを手から離し、高く投げ上げる。

Check1 首の後ろにボールを構えたとき、十分に膝を曲げているか。

Check2 膝の屈伸を利用しながら、両腕を伸ばし、ボールに力を与えているか。

Check3 腕をしっかり伸ばし、頭の上でボールを手から離しているか。

2 背面投げ

① 手のひらを後ろに向け、手首を曲げすぎないよう注意しながらボールをのせ、膝を曲げる。

② 曲げた膝を伸ばし、しっかり真後ろに振り上げる。

③ 腕が肩の高さより上にきたら、まっすぐに肘を伸ばし、ボールを手から離す。

Check1 手のひらを後ろに向けてボールをのせ、膝を曲げて構えているか。

Check2 腕を回すときに肩の動きはスムーズか。

Check3 腕が肩より上の高さになったところでボールを離せているか。

3 前方転回しながらの投げ

③ 脚に重心を移し上体を起こしながら、左手のボールを頭の斜め後ろあたりで手から離し、高く投げ上げる。

② 片脚が床につくまでは両手を床から離さずにおく。

① 左手の甲を床につけるようにしてボールをのせ、右手に重心をのせながら前方転回に入る。

Check1 前方転回している間、ボールはしっかり左手にのっているか。

Check2 転回して片脚がついたとき、両手は床についているか。

Check3 上体を起こしながら、ボールを頭の斜め後ろあたりで離しているか。

前方転回など激しい動きを伴う投げは、ボールがこぼれやすいのでついつかんでしまいがちだ。慣れないうちは落下の不安があるだろうが、投げがスムーズにできるようになれば、ボールを保持する時間も短くなり、つかまずに投げることができるようになる。練習を重ねよう。

ボール操作の要・投げ受け完全マスター！

ポイント 25

テクニシャンへの必須要素「足で投げる」に挑戦してみよう！

動画でチェック！

　手で保持することも難しいボールだけに「足での投げ」は種類も少なく、難しいものが多い。キャリアの浅い選手だと、「足首にはさんで投げる」くらいしか挑戦できないかと思うが、現在の新体操では、多種多様な投げが必要となってくるので、徐々に回転しながらの投げにも挑戦するようにしたい。

　後述するが、「回転しながら」「足で投げる」技をマスターできれば、それだけでも「DA」のポイントを稼ぐことができる。（⇒Part8参照）簡単にはできるようにはならないだろうが、挑戦しがいはある投げだ。

　アクロバットをきちんとスムーズにできるように練習したうえで、脚でボールを蹴り上げる位置、タイミングをしっかり押さえて、あとは怖がらずに思い切りよく、を心がけて練習しよう。

ここがポイント！

まずは、ボールを保持して転回に入るまで、ボールを保持しながらの転回、ボールをどこでどう蹴り上げるか、に分けて部分的に練習し、感じがつかめてきたらつなげてやってみよう。

足で投げる

1 足首にはさんで投げる

②つま先が腰の高さまできたらつま先を伸ばしてボールを離す。

①足首にボールをはさみ、両腕を広げてバランスをとり、軸脚に体重をのせ、膝を曲げて構える。

Check 1 軸脚にしっかり重心をのせ、膝の屈伸を十分に使っているか。

Check 2 脚を前に伸ばしきったとき、膝は曲がっていないか。

Check 3 ボールを離したときのつま先、膝は伸びているか。

2 前方転回しながら投げる

①片手でボールを保持しながら、前方転回に入る。ボールは極力つかまないように。

②片手支持で前方転回をしながら、ボールをもった手を後方に上げる。

③足の裏が天井を向くあたりでボールを蹴り上げる。

Check 1 ボールを強くつかんでいないか。

Check 2 ボールを正しい位置で蹴り上げているか。

Check 3 前方転回するときの膝、つま先はきちんと伸びているか。

3 側転しながら投げる

③ボールの飛んだ方向を確認しながら回転を終え、腕を伸ばして受ける構えに入る。

②片手支持で側転しながら、つま先が腰の高さにきたところで、ボールを蹴り上げる。

①片手でボールを保持しながら、側転に入る。ボールを持つほうの腕は床に平行にし、ボールを極力つかまないように。

Check 1 ボールを強くつかんでいないか。

Check 2 ボールを正しい位置で蹴り上げているか。

Check 3 側転するときの膝、つま先はきちんと伸びているか。

 側転や前方転回をしながら足でボールを蹴り上げる投げは、かなり高度でコントロールしにくい。側転や前方転回がスムーズに回れない間は、正しい位置で蹴り上げることも難しく、回転による力をボールに与えることはできない。まずプレアクロバットの精度を高めることが必須となる。

ボール操作の要・投げ受け完全マスター！

ポイント 26 「手以外のキャッチ」をマスターして演技の幅を広げよう！

動画でチェック！

投げに比べるとキャッチは、ボールでもかなりバリエーションが増える。脚など手以外でのキャッチは、慣れない間はボールとの距離感をつかむのが難しく、蹴飛ばしたり、すっぽ抜けたりもするだろうが、いったんコツをつかめば案外、片手キャッチよりも得意になる選手も少なくない。

それでいて、手以外でのキャッチは演技の中にうまく組み込めば、見ている人を「ハッ」とさせるインパクトがある。座や伏臥でのキャッチにすれば高さの変化もつけられるので、うまく使っていきたい。

ただし、演技の中で座や伏臥のキャッチを使う際には、ボールをキャッチするために唐突に座ったり寝転んだりするのではなく、流れの中で座や伏臥の体勢になれるように、前後の動きを工夫することが必要だ。

ここがポイント！

片手キャッチがわずかな狂いで弾いたり、両手キャッチになってしまうのに比べると、座のキャッチは許容範囲が広いので、慣れれば使い勝手がよい。得意になるまで練習しておこう。

手以外のキャッチ

1 座位の脚キャッチ

①落ちてきたボールが目の前を通り過ぎたあたりで膝を開く。

②ボールが床についたらすぐに膝を閉じてボールが飛び出さないように押さえる。

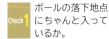 ボールの落下地点にちゃんと入っているか。

Check2 膝を開くタイミングは合っているか。

Check3 ボールが床についたら素早く膝を閉じているか。

2 立位の脚キャッチ

①ボールの落下予測点よりも少し後ろでボールの軌道を確認しながら構える。

②落ちてくるボールが腰より下にきたあたりで両脚で1歩前に出る。

③バウンドに合わせてボールを両脚ではさむ。

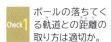 ボールの落ちてくる軌道との距離の取り方は適切か。

Check2 待っている姿勢が猫背になっていないか。

Check3 ボールがバウンドする瞬間に脚ではさみこめているか。

3 手の甲でのキャッチ

①ボールの落ちてくる方向に向かって両手を伸ばす。

②手の甲を上に向け、なるべく高い位置でボールを受ける。

③ボールに手が触れたらそのまま膝を使って誘い込むように受ける。

Check1 腕は十分に伸ばしてボールを迎えているか。

Check2 ボールをなるべく高い位置で受けているか。

Check3 膝を使って柔らかくボールを受けているか。

+1 ボールは、脚でのキャッチだけでも様々な種類がある。ここにあげた他にも、長座でつま先に近いところで受けたり、片膝を立て座り込むような形でのキャッチなども。さらに脇で床に押さえたり、前転しながら背面で受ける高度な技も。ボールは柔らかいので、怖がらず様々な受け方に挑戦してみよう。

ボール操作の要・投げ受け完全マスター！

ボールならではの見せ場「視野外のキャッチ」を使いこなそう！

動画でチェック！

　ボールのキャッチには、見ている人は柔らかさを感じることが多いと思う。手でのキャッチの基本が「柔らかく、誘い込むように」なので、スパンとした印象のフープや軽やかなクラブとは違ってくるのは道理だ。

　そんなボールのキャッチでも、「視野外のキャッチ」は、ボールならではの見せ場になる。とくに背面キャッチは、肩や背中など、視野外なだけでなく、キャッチの姿勢もとりにくい。ボールの大きさに対してキャッチできる範囲が狭いため、正確にキャッチすれば、非常に気持ちがいい。ボールに弾力があるため、キャッチしたというより、吸い込まれていったようにも見えるのだ。

　一方で、受ける位置や、押さえるタイミングにわずかな狂いがあればこぼれてしまうことも少なくないので、見た目以上にスリリングなのがボールの視野外キャッチだと言える。

ここがポイント！

視野外のキャッチでは、ボールが手に触れたところで安心してしまわず、ボールが安定する位置にしっかり収めるようにしよう。背面だと力の入れ具合の調整もしにくいので最後まで油断しないことだ。

視野外のキャッチ

1 背面でのキャッチ

①ボールの落下点を予測し、その一歩前に出て、両腕を背中側に回す。

②ボールが頭の高さくらいにきたら少し腕を上げてキャッチに備える。

③ボールをキャッチしたら、腰の位置まで下げ、しっかり収める。

- **Check 1** ボールの落下点の予測はきちんとできているか。
- **Check 2** 肩の柔軟性を生かし、腕をしっかり後ろに回せているか。
- **Check 3** ボールが腕に触れたらすぐに腕を下に引いているか。

2 肩でのキャッチ

①ボールの落下予測点よりも一歩前に出て両腕を挙げて手を組む。

②肩関節から両腕を後ろになるべく大きく引く。

③ボールが腕に触れたら腕を少し前に引き、肩でボールをはさむ。

- **Check 1** ボールの落下点の予測はきちんとできているか。
- **Check 2** 肩の柔軟性を生かし、腕は十分後に引けているか。
- **Check 3** ボールが腕に触れたらすぐに腕でボールを押さえているか。

※他にもこんなキャッチが！

例1：伏臥の姿勢で、落ちてくるボールを膝の裏で受け、脚ではさむ。

例2：腕立ての姿勢で、落ちてきたボールを床に脚で押さえる。

例3：膝立ちになり、背後に落ちてきたボールを床に脚で押さえる。

どれも決まれば見ているほうも気持ちいい！

+1 ボールを背面で受けるタイプのキャッチを成功させるには、肩の柔軟性が必須となる。決して難しい受け方ではないのだが、肩の柔軟性が不足していると、そもそも背面でキャッチする姿勢がとれないのだ。練習メニューの中に肩の柔軟を取り入れているチームが多いと思うが、肩の柔軟性の向上は、腕の動きがスムーズで柔らかくなり、表現の幅も広がるだけでなく、背面系のキャッチには不可欠なものだ。股関節や腰に比べて、肩の柔軟性は必要性を理解しにくいと思うが、しっかりトレーニングしておこう。

「ボール」は、やさしい？ それとも意地悪？

　幼児向けの新体操教室で最初に教える手具はなんだろう？　もちろん、例外はあるが、「ボール」というところが多いのではないかと思う。
　他の手具に比べると、「ボール」は小さい子にも扱いやすく、当たったとしても痛くないので、怖くない。リボンやロープのように、ずっと動かしておかないと形がないということもない。小さい子ども達が新体操らしい演技を経験するには、ボールは適しているのだ。
　子どもにも、優しく、易しい。ボールはそんな手具だ。
　ただし、年齢が上がってくるとボールの意地悪さを感じるようになってくるだろう。なんと言っても、落としてしまったときのダメージが大きい。大きな投げでもなく、ただその場でぽろっとこぼしただけでも、運が悪ければどこまでも転がっていってしまう。場外にまでいってしまう。その逃げ足の速さたるや！ ボールなんて大っきらいと言いたくもなる。
　そしてもう1つ。ボールは、5手具の中でいちばん身体のラインが目立ってしまう手具なのだ。
　フープ、リボン、ロープは、操作によっては、身体の周りのかなり大きな空間を使う。身体の周りで手具が描く軌跡の美しさや面白さで魅せる演技ができるのだ。
　クラブも小さい手具だが、2本あることによって、手具の動きでかなり多様で魅せる演技ができる。投げ受けも他の手具よりスリリングだ。ところがボールは、投げ以外はずっと身体にくっついている。それも決して大きな手具ではない。となると、どうしても目についてしまうのが身体の線だ。
　たとえば同じ横持ちのバランスをしても、片手を上げてそこにボールを保持しているのと、体の前でリボンのきれいならせんを描いているのでは、どちらがバランスに目がいくだろうか。リボンでは、とてもきれいなバランスをしているように見えた選手が、ボールで見たら、「ちょっと骨盤がずれているわね」なんて欠点が目についてしまう。ボールはそんな意地悪さももっている手具なのだ。
　それでも、子どもの頃の「ボール大好き！」な気持ちを忘れずに、大人になったら女性らしくたおやかなボールの演技を見せられるようになりたいものだ。

「転がし」「突き」ボールならではの操作をモノにする

投げ受けほどの派手さはないが、
「ボールのうまい選手」なら自在に使いこなしているのが
「転がし」「突き」などボールならではの操作だ。
そんなボールの操作を究めよう！

「転がし」「突き」ボールならではの操作をモノにする

ポイント 28

腕・胸を通る「長い転がし」は正確&なめらかをめざす

　新体操は、1984年のロスアンゼルスオリンピックから五輪種目になった。そこから1988年のソウル五輪あたりまでは、日本でもかなりの人気で、漫画になったり、高校総体などもテレビ放映されていた時代があった。

　当時、指導者向けに新体操の教本も出ているが、それを見ると、手具操作の中では「転がし」にもっとも多くのページを割いていることがわかる。投げが5ページに対して転がしは16ページ。新体操では、それだけボールは「転がし」が重要だったことがわかる。

　2017年から「手具難度（DA）」がルールに組み込まれ、ボールでは「転がし」の重要度が再び上がってきた。ボールのDAの中で0.3を獲得できるベースは「2部位の転がし」と「片手キャッチ」だけだ。「転がし」は得意と言えるまで練習を重ねよう。

ここがポイント！

転がしは落とさないだけでなく、スムーズになめらかに行われなければならない。途中ではずんでしまうと、落下はしなくても0.1の減点になるので、しっかりボールが体に吸いつくような転がしをめざそう。

腕・胸での長い転がし

1　腰⇒胸⇒腕⇒指先の転がし

①お腹のあたりに両腕でボールを保持し、上体を反らしながら転がし始める。

②胸、頭が腹部よりも下にくるまで上体を反らし、頭も深く反らす。

③ボールが腕に移動したらそのまま指先まで静かに転がす。

Check 1 上体は十分に反らし、傾斜ができているか。

Check 2 肘をしっかり伸ばして転がせているか。

Check 3 指先まできちんとボールが転がっているか。

2　右指先⇒右腕⇒胸⇒左腕⇒左指先の転がし

①右腕を高く上げ指先ですこし押すようにしてボールを転がし始める。

②やや体を反り気味にして、胸から腕に転がす。

③左腕の指先までしっかり転がす。

Check 1 指先から指先までしっかり転がせているか。

Check 2 腕⇒胸⇒腕の移動はスムーズにできているか。

Check 3 肘を伸ばし、肩を上げず美しい姿勢を保てているか。

3　上挙した右指先⇒右腕⇒胸⇒左腕⇒左指先の転がし

①右腕はなるべく後ろに引き、反らし気味で転がし始める。上体はやや

②上体を反らし、胸の上を斜めにして左腕に移動させる。

③左腕の指先までしっかり転がす。

Check 1 指先から指先までしっかり転がせているか。

Check 2 腕⇒胸⇒腕の移動はスムーズにできているか。

Check 3 肩の柔軟性を生かし、腕を十分に後ろに引けているか。

腕だけでなく体の上を転がす場合は、ボールの回転を殺さないような形を作る必要がある。肩が上がったり、上体の反りが足りなかったり、腕が十分に引けていなかったりするとボールがスムーズに転がらず落下にもつながる。肩や腰、胸の柔軟性を十分つけておくことが重要だ。

「転がし」「突き」ボールならではの操作をモノにする

ポイント 29

背中・脚など腕以外でも転がせる！転がし名人になろう

動画でチェック！

転がしは、身体難度に伴って行う手具操作に使える。さらに、S（ダンスステップコンビネーション）中の手具操作としても使える。そして、DAでは「身体上での大きな2部位の手具の転がし」がベースの1つとなっており、これはかなり使い勝手がよいのだ。（⇒ポイント33参照）

マスターするまでは転がしにも落下のリスクはあるが、比較的落下が起きにくい操作だけに、様々な場面で使いやすい。

さらに、巧みな転がしは、演技に優雅さや、柔らかさを演出してくれる。ボールの作品においては、表現の面でも「転がし」は大きな役割を果たす。ぜひこだわって得意になるまで練習してほしい操作だ。

ここがポイント！

腕以外の部分の転がしでは、体幹の強さが重要になるものが多い。スムーズな転がしのためには、十分な柔軟性と強い体幹、両方が必要になる。トレーニングを欠かさないようにしよう。

腕以外での転がし

1　首の付け根⇒背中⇒腰の転がし

①片手でボールを首の後ろに保持する。

②ボールを手から離し背中を転がし、上体をやや前傾する。

③ボールが腰まできたら両手で受け止める。

Check 1 ボールは首の真後ろで転がし始めているか。

Check 2 猫背にならず背中はやや反り気味になっているか。

Check 3 ボールを転がし始めたら、上体をやや前に傾けているか。

2　膝裏⇒腰⇒背中⇒腕⇒指先の転がし

①膝裏にボールをはさんで腕を前についた状態でボールを離す。

②ボールが腰に達したあたりで上体を起こし床と水平に保ち、背中を転がす。

③肘をしっかり伸ばし、指先まで転がす。

Check 1 脚を上げている間、しっかり姿勢をキープできているか。

Check 2 上体を起こしてからの上体をきちんとキープできているか。

Check 3 肘を伸ばし、両腕の間でボールをスムーズに転がせているか。

3　伏臥で指先⇒腕⇒背中⇒腰⇒脚⇒つま先の転がし

①うつぶせになって両腕を頭の脇につけ、手の甲にボールをのせて転がす。

②ボールが肩まできたら両腕を左右に開く。

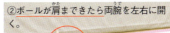

③両腕を後ろに回しながら、ボールは背中を転がす。

④足首までボールがきたら脚を少し開いて床に落として足で押さえる。

Check 1 ボールが転がるのに合わせて、腕を前から後ろに回しているか。

Check 2 体幹を締めて体をまっすぐにできているか。

Check 3 肩で段差ができないように腕を伸ばしているか。

 背中や脚の裏側など、腕や胸と違って自分では見えなかったり、調整しにくかったりする部分の転がしは、難易度が上がる。しかし、肝心なのはボールの重さを感じることであることは変わらない。背中でも脚でもボールの重さが感じられるようになれば、ボールはうまく転がってくれるはずだ。

「転がし」「突き」ボールならではの操作をモノにする

ポイント 30

「ボール巧者」を印象づける！難しい転がしにも挑戦

動画でチェック！

新体操の大会には多くの選手が出場している。その中で、まだ抜きんでた存在ではない選手が目に留まるのはどんなときだろう。

高いジャンプや際立った柔軟性といった身体能力で目立つ選手もいるが、それは持って生まれたものであることが多い。誰でも努力すれば身につけられる可能性があるのは、「手具操作のうまさ」だろう。

そして、その「手具操作のうまさ」が見えやすい操作がどの種目にもある。ボールの場合は、それが「転がし」だと言える。落下やはずみなどがなければ転がしの巧拙で大きな点差はつかないかもしれない。しかし、印象の差は必ずつく。

ごまかしなく、端から端までスムーズに転がる転がしは、その選手が手具操作に長けているというアピールになる。さらに熟練して、人並み以上のスピードで転がすこともできるようになれば、それは演技の見せ場にもなるのだ。

ここがポイント！

腕の転がしと違って、ボールを足首や膝裏ではさんでいるものは、ボールは離せば重力で転がっていく。そのため、転がす部分（脚や背中）の角度を、転がりやすいように、しっかり合わせることが重要だ。

難しい位置での転がし

1 背面での腕転がし

①手のひらを上に向け、両腕を同じ高さで広げ、左手でボールを持つ。

②左手の指で少しボールを押し、ボールが首の後ろまで転がってきたら、頭を前に倒す。

③首の後ろをボールが通ったらそのまま右腕の指先まで転がす。

Check 1 肘はまっすぐに伸ばしているか。

Check 2 頭を前に倒すタイミングは合っているか。

Check 3 指先から指先までしっかり転がせているか。

2 足首⇒脚⇒腹の転がし

①床に胸をつけてうつぶせになり、ボールを足首ではさむ。

②腰から下を上に持ち上げ膝を伸ばし、足首にはさんだボールを離す。

③ボールが腰まで転がってきたら両腕でキャッチする。

Check 1 脚を上げている間、しっかり姿勢をキープできているか。

Check 2 もっともうまく転がせる角度に脚を上げているか。

Check 3 膝を伸ばし、つま先まで伸びたまっすぐな脚になっているか。

3 仰向けでの長い転がし

①仰向けになって足の甲にボールをのせ、上体を倒していく。

②ボールが脚からお腹まで転がってきたら、軽く腰が床から浮くようにする。

Check 1 体幹を締めて、体をまっすぐにできているか。

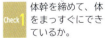

Check 2 ボールが転がるのに合わせて腕も回しているか。

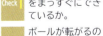

Check 3 腰から上を転がすときに体を波打つように動かせているか。

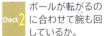

③ボールが通るときに、さらに腰を床から浮かし、両腕を前から上に上げる。

④腹から胸に向かって転がったら、そのまま腕まで転がす。

 転がしている途中で不安になってしまうと、体のどこかに変な力が入ったり、体勢が変わってしまい、ミスにつながる。不安な気持ちは体にも伝わり、転がしという繊細な技には影響してしまう。緊張しすぎず、「必ず最後まで転がせる」と信じて迷いなく転がすことも必要だ。

75

「転がし」「突き」ボールならではの操作をモノにする

ポイント 31 リズミカルな演技にうまく取り入れたい「突き」を自在に操ろう！

動画でチェック！

　日本体操協会のコーチ育成委員会が制作した「新体操教本」（2016年版）は、指導者向けの教本だが、その中に「段階別指導案」という項目が設けられている。約20ページにわたり、3〜12歳の段階に応じた指導方法が記されているが、入口となる幼児期（3〜5歳）の手具トレーニングが興味深い。

　ボールに関しては、「振り」「投げ」「転がし」「持ち替え」「回し」そして、「突き」があげられている。

　「突き」は子どもでも初心者でもできる比較的容易な操作ではあるが、やはり幼児期からのトレーニングにも入るくらい、大切な基本動作なのだ。まずは、簡単な突きで高さ、リズムなど自在にコントロールできるようにしたい。

ここがポイント！

あえて大きな突きをする場合を除けば、突きは基本的には、低い位置で短いバウンドで行うほうがミスは起きにくい。とくに連続しての突きは、低い位置でリズミカルに行うようにしよう。

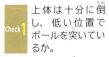

1 胸で床に突く

①手で床にボールを突く。

②上体を倒し、両腕は後に上げて、胸でボールを迎えにいくようにしてバウンドしてきたボールを突く。

③床でバウンドしたボールを両手でキャッチする。

Check 1 上体は十分に倒し、低い位置でボールを突いているか。

Check 2 ボールを突くときの上体は柔らかく使えているか。

Check 3 胸で突くとき、両腕は後に上げているか。

2 膝で床に突く

①片脚立ちで動脚の膝を曲げ、手でボールを突く。

②床でバウンドしたボールを膝の少し下あたりで突き、床に戻す。

③床でバウンドしたボールをキャッチする。

Check 1 ぐらつかず軸脚でしっかりと立っているか。

Check 2 ボールは膝のやや下（脛に近い）で突いているか。

Check 3 膝で突いたボールのはね返りは低い位置でキャッチしているか。

※他にもこんな突きが！

①ボールを投げ上げ、落下点に入る。

②胸が上に向くように反り、胸でボールをはね返す。

①ボールを投げ上げ、落下点よりやや前に出る。

②上体を前に倒し、落ちてくるボールを背中ではね返す。

 「突き」そのものは、比較的地味な操作であり、初心者でも習得しやすいが、床以外の体の一部ではね返す場合は、見ている人をハッとさせる効果がある。とくにジャンプ中や回転中など、思いがけないところでのはね返しはかなりインパクトがあるので、熟練してきたらぜひ挑戦してみよう。

「転がし」「突き」ボールならではの操作をモノにする

ポイント32 指先で回す、脚にはさむ、体でボールの上を転がる多彩な操作を駆使しよう!

ボールは他の3手具と比べると、DAのベースになる操作が少ない。丸い形状のため、「手以外での投げ」のバリエーションも少なく手具操作で演技に変化をつけるのが難しい手具だと言える。

それでも、初心者でもなじみやすく、練習以外の時間でも触れる機会を作りやすい手具なので、遊び感覚で様々なボールの操作を試してみてほしい。

ここがポイント!

ボールは手で操作する場合はつかんではいけないが、脚ならばしっかりはさむことができるので落下のリスクが案外少ない。脚が器用な人は、いろいろな操作に挑戦してみよう!

指回しに挑戦!

「指でボールを回すこと」自体はそれほど難しくないが、安定して長く回せるようにならないと、演技に入れることができない。練習あるのみだ。

①ボールを目の高さくらいにかかげる。

②ボールに水平方向の回転を与えながら軽く投げ上げる。

③空中で回転しているボールを下から指先で突き刺すつもりで触れる。

④ボールを水平から傾けないように腕の位置を固定しておく。

ボールならではの独特の操作

1　視野外での脚投げ

①膝立ちになり、ボールを足首のあたりに置く。

②手を前につき、ボールをのせたまま足を後ろに跳ね上げる。

③片方の脚でボールを蹴り上げる。

④膝立ちのまま後ろから飛んでくるボールをキャッチする。

2　脚の間にはさんでバウンドさせる

①脚の間にボールをはさみ、倒立に入る。

②両脚を揃えたまま倒し、そのままブリッジの形になる。

③脚が床につく前にボールを離し、床でバウンドさせる。

④バウンドしたボールをキャッチする。

3　体でボールの上を転がる

①座位で脚の下にボールを置く。（脚キャッチから続けてでもよい）
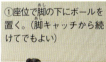

②後方で腕支持しながらボールの上にお尻をのせる。

③ボールに体重をのせすぎず、お尻でボールを転がすようにする。

④腕を引き、上体を反らしながら、ボールから下りるところまで進む。

 ここで取り上げている「指回し」も今はあまり見ないが、2010年代には大流行していたボールならではの操作だ。直接点数につながるわけでなくても、こういったその手具ならではの操作は演技のアクセントになる。

COLUMN7

教えてみすず先生!④
環境に恵まれていないと感じたら

「環境」にはハード面、ソフト面があると思います。ハード面はなかなか変えることは難しいですが、保護者の方にも力を貸してもらって改善できるように働きかけ続けることは大切だと思います。

ソフト面に関しては、おそらく指導者と合わない、切磋琢磨できる仲間がいないなどかと思います。こちらは、自分の考え方や言動によって、変えられる可能性はありますし、自分が新体操を頑張れる環境を獲得するための努力は惜しまずにやってほしいと思います。陰で不満を言っているだけでは何も変わりません。

ただ、できるだけの努力も歩みよりもしたけれど、指導者なり、所属しているクラブを信頼することができない、頑張ろうという気持ちになれないという場合は、可能ならば移籍するという選択肢もあるかもしれません。少し前までは移籍する、ということはかなり稀で勇気のいる行動だったかもしれません。どんな理由だったとしても、移籍するということはある程度の摩擦が起きると予測できるからです。でも、もうそんな時代ではなくなりました。これだけ誰でも情報を探して得ることができる時代になってきたのですから、選手や保護者にも環境を選ぶ権利はあるし、指導者も選ばれるための努力をしなければなりません。

どんなクラブでも指導者でも、いいところもあれば悪いところもある。それが普通だと思います。そのいいところを見てやっていけるなら、それでよいですし、悪いところがどうしても許せないのならば移籍することも必要な場合があるでしょう。

Part 8

手具操作の見せ場「DA」で点数を積み上げよう（ボール）

手具操作での工夫が案外しにくいボール。
それでも、なんとかボールのDAにも挑戦したい！
ボールのDAで点数を取りに行く
ヒントがいっぱい！

手具操作の見せ場「DA」で点数を積み上げよう！

ポイント 33

「DA」の種類、考え方をしっかり理解して使いこなせるようにしよう

DAだけでなくRにも使うことができるプレアクロバットは、「回転中」の基準を満たすことができる便利な技であり、実施することで演技にスピード感を与える効果もある。

ただし、DAに使えるプレアクロバットは最大でも3回まで。それも、異なったグループのものを行う必要がある。プレアクロバットは、①前方転回、

DAの【ベース】となる手具操作 ※ボール

ボール特有の手具操作	4手具共通
大きな2部位の転がし	手の補助なしでの持ち替え
高い投げの片手キャッチ	投げ/突き/押し/リバウンド
床上からの1回の高い突き	高い投げ
3回以上の小さな突きのシリーズ	高い投げからの受け
身体の一部でのボールの自由な回転	低い投げ受け
高い投げの後、床上からのリバウンドをダイレクトに受け	

ボールのDA（【ベース】＋基準2、または【ベース】2＋基準1にて成立）

ベース	価値点	視野外	手以外	脚の下	回転中	床上	波動	DB
大きな2部位の転がし	0.3	○	○	×	○	○	○	○
高い投げの片手キャッチ	0.3	○	×	○	○	○	○	○
床上からの1回の高い突き	0.2	○	○	×	○	○	○	○
3回以上の小さな突きのシリーズ	0.2	○	○	×	○	○	○	○
身体の一部でのボールの自由な回転	0.2	○	×	×	○	○	○	○
手の補助なしでの持ち替え	0.2	○	×	×	○	○	○	○
低い投げ受け	0.2	○	○	○	○	×	○	○
投げ/突き/押し、身体でのリバウンド	0.2	○	○	○	○	×	○	×
高い投げ	0.2	○	○	○	○	○	○	○
高い投げからの受け	0.3	○	○	○	○	○	○	○
高い投げの後、床上からのリバウンドをダイレクトに受ける	0.3	○	○	×	○	○	○	○

DAの種類

②後方転回、③側転、④前転、⑤後転、⑥前方胸転回、⑦後方胸転回、⑧前方フィッシュフロップ、⑨後方フィッシュフロップ、⑩ブリッジを通過する横方向の回転、開脚に蹴り上げて終了、⑪背中をそらせた横方向への回転、⑫ダイブリープ、⑬脚を上げた回転(イリュージョン)の13のグループに分かれている。(⇒ポイント33 動画参照)たとえば「両手を使った側転」「片手側転」「肘で支持しての側転」は同じ「側転」のグループになってしまうので、DAにはこのうちの1つしか使えない。また、プレアクロバットを使ったDAを3回以上実施してしまうと、4回目以降は無効となる。

他にも、DAは実施中に手具を落下してしまったり、バランスを失って手や手具を使って体を支えたり、転倒したりすると無効になる上に、実施での減点にもなってしまう。熟練度が低い間は、無理のあるDAは本番の演技には入れないのも戦略と言える。

ボールでは、2024年までは床上での転がしのDAをポジションを変えて連続して行うケースが多かった。DAのベースが他の手具に比べると少ないボールでは【2部位の大きな転がし】は、2024年までは0.4を稼げる得点源だったのでそうなってしまったのだが、今回のルール改正では床上での連続するDAは3回までに制限された。DAでいかに得点を積み上げるかを工夫することは大切ではあるが、偏った使い方になっていないか、自分の演技を客観的な視点で見てみることも必要だろう。

> **ここがポイント!**
>
> ボールは、手のひらにのせるのが持ち方の基本で、つかんではならないということがルールブックに写真入りで記されている。つかんではいなくても手首を曲げて腕に抱えるように持つのも実施では減点されるので注意しよう

動画でチェック!

0.2
【低い投げ受け】＋回転中＋手以外＋視野外

0.2
【低い投げ受け】＋手以外＋視野外

0.3
【高い投げからの受け】＋回転中＋手以外＋視野外

0.3
【長い転がし】＋床上＋視野外

手具操作の見せ場「DA」で点数を積み上げよう!

ポイント34 意外と簡単なものも。0.2のDAには怖がらずにチャレンジ!

動画でチェック!

ボールは他の手具と比べると、DAのベースの種類が少ない。フープやクラブのように操作の種類がないので無理もないのだが、その分、どうしても【転がし】頼みになってしまいがちだった。しかし、今回のルール改正で、【2部位の大きな転がし】のベースの価値が0.4から0.3に下がり、床上での連続DAも3回までと制限がかかってしまい、今までと同じ考え方で点数を積み上げることは難しくなった。

DA0.3を稼げるベースでボール特有のものとして【高い投げからの片手キャッチ】【高い投げの後、床上からリバウンドしダイレクトに取り戻す】がある。これらはボールの丸い形状で保持しにくいこと、床からのリバウンドをキャッチできる大きさであることを生かしたDAなので、転がし以外の得点源にしていきたい。

ここがポイント!

DAやRの基準でよく使う「視野外」も、どこまでが「視野外」なのかは判断しにくいものもある。頭より後ろはほぼ間違いないが、頭がお尻につくまで上体を反らした場合は、顔の正面であっても「視野外」と認められる。また、開脚ジャンプした脚の下も「視野外」になる。

1 【低い投げ受け】+回転中+視野外=0.2

①片手でボールを持ち、もぐり回転に入る。

②もぐりで頭が一番下にきたあたりでボールを投げ上げる。

③ボールをキャッチしてもぐり回転を終える。

Check1 ボールを手から離すタイミングは適切か

Check2 ボールはキャッチできるようにほぼ真上に投げ上げているか。

Check3 もぐり回転はスムーズに美しくできているか。

価値点0.2のDA

2 【低い投げ受け】＋手以外＋視野外＝0.2

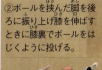

①立位で膝の後ろにボールをはさむ。
②ボールを挟んだ脚を後ろに振り上げ膝を伸ばすときに膝裏でボールをはじくように投げる。
③背後から飛んでくるボールをしっかり見てキャッチする。

Check1 ボールの落下点をしっかり見極めキャッチしているか。
Check2 後ろに振り上げた脚からボールを離すタイミングは適切か。
Check3 脚を後ろに振り上げたときのフォームは美しいか。

3 【低い投げ受け】＋回転中＋視野外＝0.2

①ボールを持った手を背面に回しながら、回転ジャンプに入る。
②回転しながら、背面でボールを投げ上げる。
③着地してボールをキャッチする。

Check1 ボールを持った腕はしっかりと背面に回せているか。
Check2 回転ジャンプの着地点に落ちるように投げをコントロールできているか。
Check3 回転ジャンプは360度回っているか。

4 【リバウンド】＋手以外＋視野外＝0.2

①ボールの落下点を見極め、その下に入る。
②頭を前に落とし、首の後ろあたりで落ちてくるボールをリバウンドさせる。
③リバウンドで跳ね上がったボールをキャッチする。

Check1 ボールの落下点をしっかり見極めているか。
Check2 リバウンドさせるとき十分に頭を前に落としているか。
Check3 リバウンドしたあとのボールを目で追っているか。

 ボールのDAでは使うことの多い「床上」だが、腕立ての形のものや下肢は床上にあるが、おへそより上が床面に垂直に起き上がっているものは認められない。ルールブックでどの形ならば有効なのか確認しておこう。

手具操作の見せ場「DA」で点数を積み上げよう!

ポイント **35**

演技をスリリングにする投げ受けのあるDAもやってみよう

動画でチェック!

まだ熟練度が高くない選手にとっては、どの手具であっても「投げ受け」は緊張するに違いない。とくに【高い投げ受け】でキャッチし損なった場合は、転がっていってしまうボールの投げ受けに対しては怖さを感じる選手も多いと思う。

それでも、【高い投げ受け】を演技に入れることができると、演技に迫力が出る。また、芸術面で求められているダイナミックチェンジやエフェクト（⇒ポイント54参照）を満たすためにも効果的に使えるなど利点も多い。転がってしまうボールの投げ受けの練習は成功率が低い間は大変だと思うが、ボールの難しい受けが決まったときの爽快感は演者にとっても観客にとっても格別なものがある。敬遠せずに地道に練習を重ね、自信をもって実施できるようにしたい。

ここがポイント!

【高い投げ受け】と【片手キャッチ】あるいは【床上のリバウンドのダイレクトな取り戻し】は、2つのベースとしては使えないので、【高い投げ受け】をDAにするためには必ず2つの基準を行わなければならない。

1　【高い投げ】＋回転中＋手以外＝0.2

①片手でボールを保持しながら、前方転回に入る。ボールは極力つかまないように。

②片手支持で前方転回をしながら、ボールをもった手を後方に上げる。

③足の裏が天井を向くあたりでボールを蹴り上げる。

Check1　ボールを強くつかんでいないか。

Check2　ボールを正しい位置で蹴り上げているか。

Check3　側転するときの膝、つま先はきちんと伸びているか。

投げ受けのあるDA

2 【高い投げ】＋回転中＋手以外＝0.2

③ボールの飛んだ方向を確認しながら回転を終え、腕を伸ばして受ける構えに入る。

②片手支持で側転しながら、つま先が腰の高さにきたところで、ボールを蹴り上げる。

①片手でボールを保持しながら、側転に入る。ボールを持つほうの腕は床に平行にし、ボールを極力つかまないように。

Check 1 ボールを強くつかんでいないか。

Check 2 ボールを正しい位置で蹴り上げているか。

Check 3 側転するときの膝、つま先はきちんと伸びているか。

3 【片手キャッチ】【高い投げ受け】＋回転中＋視野外＝0.3

①ボールの落下点を見極め、その下に入る。

②後方転回しながら、片手で落ちてくるボールをキャッチする。

③ボールをキャッチしてから転回を終える。

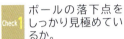
Check 1 ボールの落下点をしっかり見極めているか。

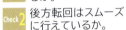
Check 2 後方転回はスムーズに行えているか。

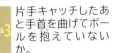
Check 3 片手キャッチしたあと手首を曲げてボールを抱えていないか。

4 【高い投げ受け】＋回転中＋手以外＋視野外＝0.3

①ボールの落下点を見極め、その下に入る。

②両手を床につき、倒立の要領で下半身を上げ、落ちてくるボールを膝の裏で挟む。

③ボールを挟んだまま回転を終える。

Check 1 ボールの落下点をしっかり見極めているか。

Check 2 倒立に入るタイミングは適切か。

Check 3 足が床につくまで膝裏で挟んだボールを保持できているか。

【高い投げ】がベースのDAは、投げが成功すればその時点でDAの得点0.2はカウントされる。その投げをキャッチミスしたとしても投げで得た0.2は残る。【高い投げの受け】は手具落下すればDAも無効、実施減点にもなってしまう。

手具操作の見せ場「DA」で点数を積み上げよう！

ポイント36 投げ受けなしでも0.3になるDAに挑戦！

動画でチェック！

　ボールのDAで0.3を投げ受けなしで得られるのは【2部位の大きな転がし】をベースにしたものだけだ。そのため、どうしても転がし頼みの演技内容になってしまいがちだ。しかし、今回のルール改正での「床上」「脚の下」などが基準から外れるものが多いことなどからも「点数稼ぎ」になりかねないDAは極力減らしたいという意思が感じられる。

　DA（手具難度）が本来目指していたのは「手具技術と身体能力を両立させることによって新体操ならではの美しさや面白さを見せること」だったはずであり、なんとかその方向に是正していこうとしているのだ。ルールの意図を汲み取り、その中でいかに点数を積み上げられるか工夫したい。

ここがポイント！

ボールの転がしは、途中でボールが弾んでしまうと0.1の実施減点になるし、落下にもつながりやすい。体の上を転がすというよりも、ボールの重みを感じながら体をボールに合わせるように意識してみよう。

1 【2部位の大きな転がし】＋波動＋手以外＋視野外＝0.3

①背面の腰あたりからボールを転がしながら、波動を行う。

②波動しながら腰⇒背中⇒首の後ろ⇒腕へとボールを転がす。

③大きく波動しながら腕まで転がし、ボールをキャッチする。

Check1 波動をしながらもボールの通り道は動かないようにしているか。

Check2 腕の一番遠いとろこまでしっかりと転がしているか。

Check3 転がしに気をとられて波動が浅くなっていないか。

投げ受けのない価値点0.3のDA

2 【2部位の大きな転がし】＋手以外＋視野外＝0.3

①膝立ちになり、片脚の膝裏にボールを挟んで後ろに脚を上げて膝を伸ばし、ボールを転がす。

②ボールが首の後ろまできたら両腕の間を転がすように上体を前に倒す。

③腕までボールを転がし終えたら上体を起こす。

Check1 後ろに上げる脚の高さは適切か。

Check2 膝立ちの間、背面でボールが転がりやすい姿勢を保てているか。

Check3 首から腕へボールを転がすときに頭をしっかり入れているか。

3 【2部位の大きな転がし】＋床上＋手以外＋視野外＝0.3

①床上にうつぶせになり両腕を伸ばしてボールを転がす。

②ボールが転がっていくのに合わせて腕を前⇒横へと回す。

③ボールが膝近くまできたら膝を曲げ、ボールを保持する。

Check1 身体はきれいな一直線になっているか。

Check2 腕を最大限に伸ばした位置から転がしを始めているか。

Check3 膝を曲げるタイミングは適切か。

4 【2部位の大きな転がし】＋手以外＋視野外＝0.3

①膝裏にボールをはさんで腕を前についた状態でボールを離す。

②ボールが腰に達したあたりで上体を起こし床と水平に保ち、背中を転がす。

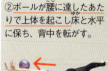

③肘をしっかり伸ばし、指先まで転がす。

Check1 脚を上げている間、しっかり姿勢をキープできているか。

Check2 上体を起こしてからの上体をきちんとキープできているか。

Check3 肘を伸ばし、両腕の間でボールをスムーズに転がせているか。

【2部位の大きな転がし】では、ボールの転がしが長いので転がし始めるときに勢いをつけすぎてしまいがちだ。あまり勢いをつけるとボールが弾んだり、軌道が狂って落下したりするので勢いはつけすぎないようにしよう。

COLUMN8

「器用さん」と「不器用さん」

「うちの子は器用じゃないから新体操には向いていない」という親御さんがいる。今の新体操はたしかに手具難度がかなり高度になっているのでトップ選手の演技を見ると、みんな魔法使いのように器用に手具を扱っている。あれを見てしまうと、まだ幼児や小学生のうちでも、周りの子に比べて決して器用なほうではない子の親御さんがそう思ってしまうのも無理はないと思う。

けれど、「不器用＝新体操に向いていない」本当にそうだろうか。今、トップ選手として活躍している人たちは、みな器用に生まれついた人たちばかりなのだろうか。
決してそんなことはない。

新しいことを習得するときに、わが子が人よりも早く簡単にできると親は嬉しいものだ。「うちの子、才能あるのかも」と期待も膨らむだろう。けれど、簡単にパッとできてしまう子は「どうしたらできるんだろう」と考えたり、工夫したりするチャンスがない。人より時間がかかっても、頑張り続けたらできた！という達成感を得るチャンスにも恵まれない。

不器用な子は、失敗しても失敗しても挑戦を止めない。お友だちや先生に「教えて教えて」と食い下がる根性もついてくる。そして、たくさんの失敗を経験しているからこそ、できるようになったときには、「何が変わったのか。どこがよくなったからできたのか」がわかるのだ。そして、なによりも大きいのは「できなかったことも頑張ればできるようになる！」という自信がつくことだ。

小さかった器用さんと不器用さんが少し大きくなってくると、今まで以上に難しい技に挑戦するようになる。もちろん簡単にはできない。それでも、不器用さんはきっと思う。「時間はかかるかもしれないけど、きっとできるようになる。今までだってそうしてきたんだから。」そうやって素晴らしい選手になった子は何人もいる。

新体操のほんの入り口で、ちょっと出遅れているように感じたくらいのことで、「向いてない」なんて決めつけないでほしい。どの子も親が思う以上に大きな可能性をもっているのだから。

Part *9*

演技に手具操作をどう組み込むか、を考えよう！

作品中に必要なのが「DB」「R」「S」。
これらと手具操作をどう組み合わせるのか。
効率よく、そしてより芸術性の高い作品にするための
手具操作の組み込み方を考えよう。

演技に手具操作をどう組み込むか、を考えよう

基本的な「DB」とフープ操作の組み合わせ方

動画でチェック！

　個人競技の場合は、演技中に最低でも3側は「身体難度（DB）」を入れる必要がある。（シニア選手は最高8個、ジュニア選手は最高6個まで入れることができる）さらに、それは手具操作を伴って行われなければ、DBとしてカウントされない。

　また、フープは手具が大きいので手具の動きが目立つ。操作のうまい選手はそのうまさをアピールしやすい種目だが、ちょっとしたミスも目につきやすいので、基本的な操作を繰り返し練習して正確に行えるようにしておきたい。

　ここで取り上げている「回し」や「持ち替え」は難度中に行うことが多い操作だが、面がぶれるなど不正確な操作は実施減点につながるので注意しよう。

ここがポイント！

「まずは難度がきちんとできるようになってから手具をもつ」という考え方もあるが、現在は手具操作の比重が上がってきているので、「手具を扱いながら難度を行う練習」は初心者でも欠かさず行うようにしたい。

基本的な「DB」と手具操作

1 前方スケール（0.2）＋持ち替え　※かかとを床につけたままの実施

①動脚を後ろ90度に上げながら、フープを左手で持ち後ろに回す。

②前方スケールの形を保ったまま、軸脚の後ろでフープを左手から右手に持ち替える。

③フープを持った右手を横に回す。

Check1 動脚は90度以上の高さに上げ、上体は下げすぎずにキープできているか。
Check2 軸脚は、内股になったり、膝が曲がったりしていないか。
Check3 形をキープした状態のままで持ち替えを完了できているか。

2 フルターンジャンプ（0.1）＋持ち替え

①フープを右手で持ち、膝の屈伸を使って垂直にジャンプする。

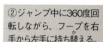

②ジャンプ中に360度回転しながら、フープを右手から左手に持ち替える。

③180度回転したくらいで持ち替え終わるくらいのタイミングで行う。

Check1 ジャンプしたときのつま先はしっかり伸ばせているか。
Check2 屈伸の力を十分に生かして高く跳び、ターンは360度きちんと回り切れているか。
Check3 フープの持ち替えはジャンプ中に完了できているか。

3 パッセターン（0.1）＋回し

①右手にフープを持ったまま、プレパレーションに入る

②かかとを上げ、動脚を横パッセにして1回転回りながら、手は上に上げフープを回す。

③1回転回り切るまで、フープの回しを止めないようにする。

Check1 回転を始めて回り終えるまで、かかとは十分上がっているか。
Check2 パッセをした脚の膝が前に倒れていないか。
Check3 フープは最低でも1回は回せているか。

フープは手具操作のうまさをアピールしやすい手具なので、まだ難しい身体難度はできない選手でも、フープ操作で見せ場を作ることができる。スムーズでスピード感のある回しや転がしなどができれば、演技の印象はぐっと上がるので、フープ操作は得意と言えるレベルをめざそう。

93

演技に手具操作をどう組み込むか、を考えよう

ポイント 38

基本的な「S」とフープ操作の組み合わせ方

P95で解説しているステップとは違うステップ4種類を動画には収録しています。

動画でチェック！

現在のルールでは必須要素となっている「ダンスステップコンビネーション」は、1演技中に必ず2つは入れることになっている。

8秒間ひと続きの動きではっきり「ステップ」であると見える必要があり、リズムや方向、高さなど異なる動きを入れた多様性があることが求められる。

フープは大きい手具で、操作によってはダイナミックさを表現でき、比較的保持しやすい手具の為、かなり激しく動くことができる。「回し」や「軸回し」など比較的容易な操作でも、フープだと大きさが出て、見栄えがする。動きの大きなステップと組み合わせれば、迫力や華やかさのある見せ場になるステップにすることができるだろう。

容易な操作ほど、正確に、またスピーディーに行えるように練習しておきたい。

ここがポイント！

フープは勢いよく動かしているときに外れてしまうとフロアの外まで飛んでいってしまう。しかし、それを恐れてこわごわ扱っていては、回しでフープの面が保てない、転がしが途中で落ちてしまうなどのミスにつながる。思い切りよく操作できるように練習しよう。

ベーシックな手具操作を伴うステップ

リズミカルに脚でフープを回しながら前に向かってステップ

①フープの中に脚を入れ、ポーズをとる。

②左足でフープを後ろに蹴って右足首で回しながら、ステップで前に進む。

③右足でフープを引っ掛け、持ち上げて右手で受け取る。

④フープを右手に持つ。

フープを回しながら、弾むようにギャロップし、床でフープを転がす

⑤体の前でフープを回す。

⑥フープを回しながら、右脚を横に大きく出し、ギャロップ。

⑦曲に合わせてギャロップをしたらフープを両手で持つ。

⑧右腕を大きく後ろに引きながら、軽く弾むようにステップ。

軽やかにジャンプして、フープを水平に回しながら低い位置で前に進む

⑨小さく上に弾みながら、逆回転をかけてフープを床で転がす。

⑩戻ってきたフープを右手で持ち、頭の上で回しながら、しゃがむ。

⑪フープを回しながら、低い位置で脚を入れ替え前に進む。

⑫曲に合わせて何歩か進んだら、膝立ちになりフープを体の前に両手で保持する。

+1 フープを床で転がしている間は、完全に両手が空いている。曲に合わせて、全身を使った表現ができる貴重な時間なので、ぜひ有効に使いたい。常に動かしておかないといけないリボンや、保持の仕方に注意が必要なボールに比べるとフープは比較的扱いやすいので、ダイナミックなステップに挑戦しよう。

演技に手具操作をどう組み込むか、を考えよう

ポイント 39 基本的な「R」とフープ操作の組み合わせ方

　2025年ルールから「R」は必須ではなくなったため、初心者は無理に入れる必要はない。が、演技に迫力やスピード感を増すためにはまずは演技中に1回は入れることから挑戦していきたい。

　上級者になれば、投げ方、受け方でも点数が加算できるような「R」を入れてくる。

　また、「R」は、演技中に最高4回（ジュニアは3回）まで入れられるので、得点を伸ばしていくためには、演技中に「R」はより多く入れられるようにしていきたい。

　「R」は大きな投げを伴うため、これが多く入れられれば、フロアを大きく、ダイナミックに使うことができる。また、「R」

1　片手投げ＋シェネ＋前転＋座での脚キャッチ

①シャッセしながら、フープを持った右手を後ろに大きく引く。

②思い切りよく大きくフープを投げる。

③投げの方向に向かってシェネで進む。

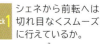
Check1　シェネから前転へは切れ目なくスムーズに行えているか。

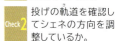
Check2　投げの軌道を確認してシェネの方向を調整しているか。

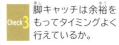
Check3　脚キャッチは余裕をもってタイミングよく行えているか。

④シェネから前転へとつなぐ。

⑤フープの落下点に入り、座の体勢になる脚を少し開く。

⑥落ちてきたフープを脚ではさんでキャッチする。

動画でチェック！

基本的な「R」と手具操作

2　くぐり抜け投げ＋猫ジャンプ＋側転くぐりキャッチ

①両手で持ったフープを前から後ろに回しその中を両脚で飛び越える。

②飛び越えた後、体の前でフープをそのまま両手で投げ上げる。

③フープの方向を確認しながら猫ジャンプ。

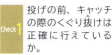
Check1　投げの前、キャッチの際のくぐり抜けは正確に行えているか。

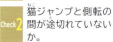
Check2　猫ジャンプと側転の間が途切れていないか。

Check3　側転は素早くスムーズに行えているか。

④フープの落下点に入り、両腕を挙げて落ちてくるフープに入りながら側転に入る。

⑤フープをくぐり抜けながら側転する。

⑥立ち上がりフープを腰のあたりで両手で保持する。

に伴うシェネやアクロバット要素は演技にスピード感を与え、演技をエネルギッシュなものにしてくれる。

　キャリアの浅い選手にとっては、「R」は高いハードルかもしれないが、まずはベーシックな投げ受けで、投げの間に行う回転の種類や組み合わせを増やすことに挑戦してみよう。

　初心者や投げ受けに自信のない人は、ミスの出やすいキャッチはなるべく容易なもので、同じ回転×2（シェネシェネや2回前転など）から始め、慣れてきたら回転中に回転軸や高さに変化を加えてみたい。ここにあげた「猫ジャンプ＋側転」も回転軸が変化しているので「R」の基礎価値（0.2）に0.1が加算され、0.3の価値の「R」となる。

ここがポイント！

「R」がカウントされるためには、2回の回転の間に中断があってはならない。また、手具のキャッチは回転の終末で行わなければならない。まずはベーシックなものでよいので、正確に実施できるようにしよう。

「投げの間に2回回転してキャッチ」で0.2を獲得できるRだが、投げの最中に1回転追加あるいは、2回転のあと3回目の回転中に受ければ0.3になる。

97

演技に手具操作をどう組み込むか、を考えよう

基本的な「DB」とボール操作の組み合わせ方

2024年までのルールでは、ボールとリボンに関しては、ジュニアは2つのDBでの利き手ではない手での手具操作が必須となっていたが、今回の改正でそれがなくなった。これは初心者にとっては嬉しい変更と言えるだろう。

ボールはキャリアの浅い選手でも比較的取り組み易い手具ではあるが、身体難度を行いながら、操作するのはなかなか難しい。さらにボールは、原則つかんではいけないのだが、はじめのうちは落とすのが怖くてどうしても強くつかんだり、体の近くに抱え込んでしまいがちだ。

ボールは思い切って動かすほうが、体に吸い付いて落としにくいものなのだ。緊張しながら扱っていると、思うように動かず、かえって落としてしまう。最初から落とさないようにと臆病にならず、思い切りよくのびのびとボールを扱うようにしよう。

ここがポイント！

ボールは、普段の生活の中でも扱いに慣れるトレーニングをしやすい手具だ。小さなボールでもよいので、遊びや生活の中で手の中で回したり、小さく投げたりして常にボールと触れ合うようにしよう。

基本的な「DB」と手具操作

1 かかとを上げない横バランス（0.2）＋床での突き

①片手でボールを持ち、真上に上げた脚をもう片方の手で支持する。

②体のやや前方にボールを突く。（このときかかとを上げて行えばDBが0.1上がる）

③床から跳ね返ってきたボールをバランスしたまま片手でキャッチする。

- Check1 突く前にボールを強くつかんでいないか。
- Check2 ボールの突きの強さは適当か。
- Check3 つま先、膝が伸びた美しいフォームでバランスができているか。

2 フルターンジャンプ（0.1）＋床での突き

①膝を曲げ、ジャンプに入る姿勢をとりながらボールを強く床に突く。

②ボールがバウンドしている間にフルターンジャンプをする。

③360度回りきって着地したら、落ちてくるボールを膝を使って柔らかくキャッチする。

- Check1 ボールの突きの強さは適当か。
- Check2 フルターンジャンプは脚を揃え、つま先を伸ばして跳べているか。
- Check3 フルターンはきちんと回り切れているか。

3 パッセターン（0.1）＋持ち替え

①右手にボールを持ち、プレパレーションに入る。

②かかとを上げ、動脚を横パッセにして1回転回りながら、背面でボールを左手に持ち替える。

③1回転し終えるまでには、しっかり左手でボールを持つ。

- Check1 回転を始めて360度回り終えるまで、かかとは十分上がっているか。
- Check2 パッセをした脚の膝が前に倒れていないか。
- Check3 ボールの持ち替えは背面で行えているか。

「突き」は、ボールではDBに伴って行うことの多い操作だが、突きの強さは状況によって加減できるようにしておこう。同じ床での突きでも高く跳ね上がったほうがよい場合と、短く跳ね返ったほうがよい場合では突き方は自ずと変わってくる。自在にコントロールできるように練習しよう。

演技に手具操作をどう組み込むか、を考えよう

ポイント 41

基本的な「S」とボール操作の組み合わせ方

P101で解説しているステップとは違うステップ4種類を動画には収録しています。

動画でチェック!

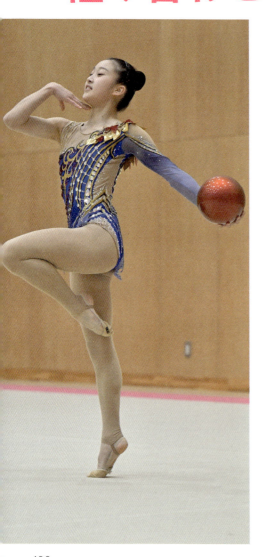

ステップ中に「高い投げ」「DA」「プレアクロバット」などが入っていたり、手具を落下したりするとそのステップは無効となる。ステップが1つ足りなければ、芸術点で0.3の減点。2回ともステップが無効だと0.6の減点になってしまう。

ボールの場合は、手具自体の動きにはあまり面白味がない。手で保持してしまうと、手具の動きはなくなってしまうからだ。ボール以外の手具なら、体は動いていないときでも、手具を動かすことで何かを表現することができる。が、ボールではそれができない。

それだけに、ボールでのステップは、体を大きく動かし、体の動きで表現する必要がある。また、手具があまり目立たないだけに、体の線が目立つのもボールだ。他の手具以上に美しく動くことを意識したい。

ここがポイント!

音楽の特徴をとらえ、音を細かく拾ってステップを踏む場合は、1つ1つの動きをキレよく行うことが必要となる。1歩足を前に出すのも曖昧に出すのではなく、音に合うようにキレよく出すよう意識しよう。

ベーシックな手具操作を伴うステップ

片手でボールを保持しながら、上半身を伸びやかに動かそう

① 右脚はパッセし、ボールを持った右手を高く掲げる。

② 右脚を下ろし、右手も顔の前に下ろす。

③ ボールを持った手を下に下ろしながら、左脚をパッセ。

④ 体を横向きにして、パッセの脚を入れ替える。

ボールを片手から両手持ちにしながら、体の向きや高さを大きく変える

① 音に合わせて一瞬、動きを止め、目線を前に。

② 左手を後ろに回し、上体を後ろに反らす。

③ 右脚を大きく1歩前に出し、体を沈めていく。

④ ボールを両手で持ち、甲回ししながら、体を深く沈める。

腕でボールを転がしながら、小走りでかわいらしくステップ!

① ボールを体の前に抱える。

② 小走りしながらボールを腕で転がす。

③ 弾むようにステップしながらボールを指先まで転がす。

④ ステップを続けながら、ボールを床に突く。

ステップ中の転がしは、動きが激しいと案外難しく、転がしの途中で落下してしまうこともある。転がしの熟練度を上げて、多少、体の上下動があっても転がせるように練習すると同時に、ステップのどの部分ならば、転がしを入れやすく、ミスが出にくいかを工夫することも必要だ。

演技に手具操作をどう組み込むか、を考えよう

ポイント 42

基本的な「R」とボール操作の組み合わせ方

　2025年ルールでは、それまでは「R」の追加基準として加点対象になっていたもので対象外になったものが多い。そのため、2024年までならばRとして有効だったものでも無効になったり、価値点が下がってしまうものもあるので気をつけたい。

　投げの際の追加基準から外れたものは「フープのくぐり抜け」「軸回転を伴うフープの投げ」、受けの追加基準から外れたものは「床上からのリバウンド」「1本のクラブを保持したまま2本目のクラブを片手で受ける」「クラブのミックス受け」「回転中での受け」。また、「片脚／両脚の下」と「360度の回転を伴う」は投げ受け両方の追加基準から外れている。

　このため、「R」によって積み上げ得る

1　片手投げ+猫ジャンプ+お尻回り+座で脚キャッチ

①ボールを持った手を下に引き、投げの構えに入る。

②ボールの軌跡を確認しながらジャンプの体勢に入る。

③軽やかに猫ジャンプでくるりと回る。

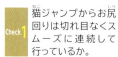

Check1　猫ジャンプからお尻回りは切れ目なくスムーズに連続して行っているか。

Check2　投げの軌道を確認してジャンプやお尻回りで進む方向を調整しているか。

Check3　お尻回りはしっかり回り切ってからボールのキャッチに入っているか。

④着地したらすぐにお尻回りに入る。

⑤360度回り終えたところで、脚キャッチ。

⑥ボールをしっかり脚と床の間で押さえる。

動画でチェック！

基本的な「R」と手具操作

2　片手投げ＋シェネシェネ＋座のキャッチ

①シャッセで1歩前に進みながらボールを投げる構えに入る。

②シャッセしながらボールを投げ上げる。

③素早く2回シェネで回る。

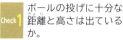

Check 1　ボールの投げに十分な距離と高さは出ているか。

Check 2　連続するシェネの間が途切れていないか。

Check 3　シェネから移動や切れ目なく脚キャッチに入っているか。

④ボールの落下点を確認しながら、キャッチの体勢に入る。

⑤落ちてくるボールの上から追いかけるように座位になる。

⑥脚の下で床にボールを押さえてキャッチ。

　点数は、2024年までに比べると低くなる傾向にあり、より高い得点を目指す選手は、これらの変更を厳しいものと感じるかもしれない。しかし、これらの変更が意図しているのは、比較的実施が容易な追加基準が使われすぎていることの是正に他ならない。

　2025年ルールでの変更によって、Rで稼げる点数は下がってしまうかもしれないが、Rでの点数稼ぎのために損なわれがちだった芸術性をより大切にした作品、演技が求められている、というメッセージがこの変更に込められているように思う。

ここがポイント！

　2回転して手具を受ける前に移動してしまうと、Rは有効でも実施で減点されてしまう。移動の歩数が多ければRで得られる得点よりも実施減点のほうが大きくなってしまうので気をつけよう。

　ボールとフープでは、「つき返し」は、Rの受けでダイレクトに実施された際は、追加基準として認められる。これまでボールで使われていた「床からのリバウンド受け」が追加基準からは外れてしまったので、「つき返し」をうまく取り入れたいが、これも多用しすぎないようにしよう。

COLUMN 9

「新体操ならではの達成感」の正体

　試合本番での演技で、手具を落下して思うように点数が伸びなかったとき、それまで頑張ってきた選手であればさぞかし落胆するだろう。練習では百発百中で成功していても、101回目にはミスが出てしまうことがある。それが新体操であり、手具の怖さだ。

　「手具がなければなぁ、のびのび楽しく踊れるのに」という選手もいる。そして、実際に競技生活を終えると、舞踏の世界に羽ばたく人も少なくない。しかし、そうやって手具から解放されてのびのびと楽しく踊っているはずの元新体操選手たちも口を揃えて「新体操でいい演技ができたときの達成感は格別だった」と言うのだ。

　手具を扱うことで、新体操は動きや表現に制限がある。それがもどかしいと言う人もいるが、そうだろうか？「手具があるからこそできること」も、たくさんあるんじゃない？と思うのだ。たしかに、どれだけ練習を積んでいても、いざ本番でそれが出し切れるかわからないのは怖い。しかし、だからこそ、ここ一番の試合で会心の演技ができたとき、震えがくるほど感動できるのだ。

　それはダンスや他の舞踏でも同じだろうとは思う。ただ、新体操の場合は、他の舞踏に比べてミスの起きる確率が高い。そしてそのミスが目立ってしまうのだ。プロのバレリーナでも、ピルエットでふらつくことはあるだろう。でもそれは転びでもしない限りはそれほど目立たない。ダンサーも振りをちょっと間違えることはあるだろうが、それも案外見ている人は気がつかない。

　ところが新体操で、手具を落としてしまったら、誰が見ても「失敗した」とわかってしまう。なのに新体操は、失敗と成功が紙一重のことを、あえてやるスポーツだ。

　絶対に失敗しないような演技では点数は出ない。とくに今くらい手具操作が入った演技内容では、失敗するほうが普通だ。それでも、「次こそは！」とノーミスの演技をめざして選手たちは努力を重ねる。だからこそ報われたときの達成感は格別なのだ。

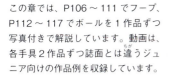

この章では、P106〜111でフープ、P112〜117でボールを1作品ずつ写真付きで解説しています。動画は、各手具2作品ずつ誌面とは違うジュニア向けの作品例を収録しています。

Part 10

実際の作品をもとに演技の構成を学ぼう

まだ試合に出始めたばかりの選手
身体難度も手具難度もまだできるものが少ない選手
そんな選手たちをイメージして日女の選手たちが
創作したモデル演技を、写真と動画で解説。
作品作りの参考にしよう！

実際の作品をもとに演技の構成を学ぼう

ポイント 43

「DB」や「DA」をどう入れるか実際の作品に学ぼう！①（フープ）

動画でチェック！

ジュニアの場合、個人演技には以下の要素が求められる。①身体難度(DB)⇒最低3、最高6 ②ダンスステップコンビネーション⇒最低2 ③回転を伴ったダイナミック要素(R)⇒最高3 ④手具難度(DA)⇒最高12 ただし、RとDAは必須ではないので入れなくても減点にはならない。

ちょっとおすまのポーズからフープを水平に投げる

①フープを体の前に両手で持ってポーズ。

②シャッセで前に出ながら、フープを後ろに引き、投げに入る。

③両手でフープを床に対して水平に投げ上げる。

④フープの飛んだ方向を確認しながらシェネで2回回る。

ここがポイント！

身体難度(DB)は、バランス、ジャンプ、ローテーションの3種類を最低1つは入れなければならないため、最低でも3つ入れることになる。確実にカウントしてもらえるDBを増やしていこう。

フープのベーシックな作品例①

投げをキャッチして跳び越し、プレパレーションに入る

⑤フープの落下点に入り、高い位置で両手キャッチし、腕を伸ばす。

⑥キャッチしたフープを跳び越える。

⑦フープを体の前に構える。

⑧フープを後ろに引き、プレパレーション。

フープの持ち替えをしながらパッセターンを回り切る

⑨背面でフープを左手に持ち替えながらパッセターン。

⑩パッセターン2回転目で再びフープを右手に持ち替える。
[DB/0.2]

⑪回転を終えたら、フープを頭上にかかげてポーズ。

⑫左右にステップを踏みながら、体の周りでフープを回し、持ち替えをする。

後ろ向きに進み、大ジャンプをダイナミックに！

⑬右手にフープを持ち、斜め後ろに向かってシャッセで進む。

⑭右手のフープを軸回ししながら、開脚ジャンプ。
[DB/0.3]

⑮着地したら正面に向き直し、フープを大きく回旋や軸回しをしながら、軽快にステップ。

⑯明るく楽しく、ダイナミックに動きながらステップを踏む。

フープは手具が大きいので、その大きさを生かしたダイナミックな表現が持ち味の手具と言える。投げの高さも出やすいので投げや、手にフープを持って体の周りで大きく回すような動きひとつでも、ダイナミックに見える。また、ターンのときもフープの重さをうまく利用するとより回りやすい。

実際の作品をもとに演技の構成を学ぼう

ポイント 44

「DB」や「DA」をどう入れるか実際の作品に学ぼう！②（フープ）

動画でチェック！

　ジュニア選手であれば、**身体難度(DB)や手具難度(DA)を増やして点数を積み重ねるよりも、演技中に2回入れなければならないダンスステップをしっかりとれるようにすることで、1回不足することで0.3という芸術減点を防ぐ**ことを目指したい。

フープの持ち替えや面の変化を見せながら軽快にステップ

①フープを背面で持ち替えながら左右にステップ。

②体の向きを変えて前後にステップ。

③フープを両手で背面に持ち、足をフレックスにしてコミカルに。

④フープを後ろに倒して、肩の柔らかさを見せながらステップ。

ここがポイント！

　まだキャリアの浅い選手の場合は、演技の中に、やり易いパートを作っておくとよい。選手にとって不安のある技や難度がなく、楽しく踊れるパートがあると、ミスの後でも切り替えることもできるだろう。

フープのベーシックな作品例②

フープを脚で回しながら、リズミカルにステップを踏もう

⑤フープを背面で保持しながらステップ。

⑥フープを左足にかけ、回しながらステップ。

⑦左足でフープをかけて持ち上げ、手でつかむ。

⑧フープを両手で体の前に持つ。

フェッテバランスは落ちついてしっかり実施しよう

⑨右脚を横90度に上げる。

⑩脚を上げながら、フープを体の前で浮かして回転させる。

⑪体を横向きにしながら右脚で前にパッセ。

⑫フープを回しながら、右脚をいったん下ろしてから、前90度に振り上げる。[DB/0.3]

その場での両脚踏み切りで鹿ジャンプ！

⑬フープを右手で持ってポーズ。

⑭その場で両脚踏み切りする。

⑮フープを持った右手を大きく回しながら鹿ジャンプ。[DB/0.3]

⑯着地したら、フープを高くかかげ、右脚を前にパッセにして明るくポーズ。

 5手具の中で、フープが一番「脚での操作」がやり易く、バリエーションも多い。脚投げや脚キャッチもだが、フープを足で回すという操作も、ステップなどにかなり使い勝手がよく、軽快さやスピード感などを見せることができるので得意にしておきたい。

実際の作品をもとに演技の構成を学ぼう

ポイント 45 「DB」や「DA」をどう入れるか実際の作品に学ぼう！③（フープ）

この作品は、中盤ではステップ中心の比較的余裕をもった構成にしているが、演技の最後にR⇒DAとリスクのある技を続けて入れている。失敗すれば最悪手具なしで終わる危険はあるが、前半で大きなミスをすると気落ちするタイプの選手にはこういう構成も向いている。

高さの変化もつけて、体を大きく動かしてダイナミックにステップ

①フープを背面に回し、左脚を大きく横に出し、右脚に重心をかける。

②左脚に重心を移し、右脚を高く上げ、上体をそらしながら、フープを大きく回す。

③フープを両手で持ち、重心を低くしてポーズ。

④フープを頭上で回しながら、軽快にステップ。

ここがポイント！

年齢が低い子どもや初心者ならばDAは無理せず余裕をもった構成から始めるとよい。熟練度が上がってきたらステップの前後にDAを入れるなど徐々にバージョンアップしていこう。

フープのベーシックな作品例③

片手で大きく、飛距離が出るようにフープを投げよう！

⑤フープを頭上で回しながら前に大きく一歩出る。

⑥脚を揃え、背面でフープを持ち替える。

⑦フープを右手に持ち替えて後ろに引き、投げに入る。

⑧シャッセしながらフープを高く投げ上げる。

投げの最中に、猫ジャンプ＋前転を素早くして脚キャッチ

⑨投げの方向を確認し、猫ジャンプ。

⑩続けて前転で落下点に向かう。

⑪フープの落下点で座で脚を開いて構える。

⑫脚でフープをはさんでキャッチ。

足先でフープを小さく蹴り上げて、後転しながらキャッチして Finish！

⑬座のまま右足の甲にフープをのせる。

⑭後転に入りながらフープを蹴り上げる。

⑮フープの位置を確認しながら後転する。

⑯起き上がりフープをキャッチしてポーズ。

座や伏臥の体勢になるため唐突に座ったり、伏せたりするのは「つなぎ」がよくないという評価になり、芸術点の減点につながる。座になる前には、プレアクロバットからつなげたり、前後開脚からつなげたり、ステップでの低い姿勢からつなぐなど、工夫しよう。

実際の作品をもとに演技の構成を学ぼう

ポイント46 「DB」や「DA」をどう入れるか実際の作品に学ぼう！①（ボール）

動画でチェック！

身体難度は、柔軟性や跳躍力、軸のコントロール力など選手の特性によって比較的高難度なものに挑戦しやすいものから、レベルを上げていくようにしよう。ただし、身体能力的には可能な難度でも、手具操作を伴うことで正確な実施ができなければ得点にはつながらないので、手具操作とのバランスには気をつけたい

パッセターンでローテーションを確実にとろう！

①ボールを掲げる美しいポーズ。

②軸脚を1歩前に出し、プレパレーションに入る。

③ボールを甲回ししながらパッセターン1回転。
[DB/0.1]

④回り終えたら、ボールを右手に持ち、伸びやかにポーズ。

ここがポイント！

バランスはパッセ、アラベスク、フェッテ(脚は水平)、ジャンプはフルターン、コサック、ガブリオール、ローテーションはパッセターンなどがジュニアでも無理なく取り組めるだろう。

ボールのベーシックな作品例①

転がしを組み合わせたステップで軽快に

⑤右手を高く掲げ、ボールを転がし始める。

⑥胸までボールがきたら、左腕にも転がす。

⑦右手にボールを持ち替え、振り上げ、右脚はパッセに。大きく後ろに振る。

⑧体の向きを変え、ボールを両手の甲にのせる。

さらに転がしを見せつつのびやかに

⑨ボールを首→背中→腰と転がす。

⑩右手でボールを胸の前に保持する。

⑪右腕を伸ばし、指先までボールを転がす。

⑫ボールを保持したまま、左脚を左手で持つ。

少し難しいDAにも挑戦してみよう

⑬脚を高く上げ、腕を下げながら上体を前に倒す。

⑭上体をさらに前に倒し、ボールをお腹にはさみ、両腕を床につく。

⑮後方転回しながら腹→胸→腕とボールを転がす。

⑯起き上がりながら指先までボールを転がす。

+1 ⑤〜⑫がステップとなっているが、転がしを多用しているため、ステップは踏みながらもボールを転がす部位に関しては上下動させないという工夫が必要となる。ステップの躍動感を出すために、転がし以外の部分で思い切り、大きく弾けた動きを見せるように意識したい。

実際の作品をもとに演技の構成を学ぼう

ポイント 47 「DB」や「DA」をどう入れるか実際の作品に学ぼう！②（ボール）

動画でチェック！

手具難度(DA)はジュニアなら12個まで入れることができるが、DAのために手具落下などのミスが出てしまえば、本来得られるはずだった0.2もなくなり、実施での減点も大きい。点数稼ぎのためにやみくもにDAを増やすのではなく、確実なものを少しずつ、曲を表現する手段として必然性が感じられるように入れていきたい。

フェッテバランスは、ていねいに確実に実施しよう！

①正面を向き、脚を横に高く上げる。

②90度体の向きを変え、脚を前パッセにする。

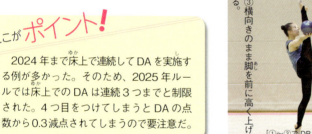

③横向きのまま脚を前に高く上げる。

[①〜③でDB/0.5]

④右手にボールを保持し、投げの構えをとる。

ここがポイント！

2024年まで床上で連続してDAを実施する例が多かった。そのため、2025年ルールでは床上でのDAは連続3つまでと制限された。4つ目をつけてしまうとDAの点数から0.3減点されてしまうので要注意だ。

ボールのベーシックな作品例②

演技前半で難関の「R」をきっちり決めておこう

⑤ボールを高く投げ上げる。

⑥猫ジャンプで1回転する。

⑦着地したらお尻回りで360度回る。

⑧落ちてきたボールを座で脚キャッチ。

「突き」を使ったベーシックなDAを入れてみよう

⑨ボールを小さく床に突きながらパンシェバランス。 [DB/0.4]

⑩アチチュードバランスしながら、片手で小さくボールを投げ上げる。 [DB/0.3]

⑪ボールを床に強く突く。

⑫大きくバウンドしている間にもぐり回転をする。

※バランスはかかとをついての実施。

ダイナミックなジャンプで演技にスケール感を加えよう

⑬もぐりキャッチからシャッセに入る。

⑭つま先の美しい伸びを見せながらシャッセ。

⑮ボールを投げ上げて大ジャンプ。 [DB/0.3]

⑯ボールをキャッチして掲げる。

+1 ここでは大ジャンプを入れているが、大ジャンプは十分な開脚度がないとカウントされにくい。初心者であれば、コサックジャンプ、鹿ジャンプ、フルターンジャンプなどで確実に点数をキープしていくとよいだろう。パンシェバランスも0.1のアラベスクにしてもよい。

115

実際の作品をもとに演技の構成を学ぼう

ポイント 48

「DB」や「DA」をどう入れるか実際の作品に学ぼう！③（ボール）

この例では、作品の最後に「R」を入れている。キャッチに不安がある場合は、万が一落下した場合に、その後の演技構成が数多く抜けてしまうことがないという点で、「R」をラストにするのは悪くない。作品の中にどの順番で難度、技を入れていくかはレベル、選手の性格によっても違ってくるので、よく考え、アドバイスも求めて、より力が発揮できる構成を工夫したい。

後ろ脚支持のローテーションに挑戦！

①膝でボールをバウンドさせる。

②左手にボールを持ち、プレパレーションに入る。

③後ろ脚支持でしっかり1回転する。
[DB/0.3]

④回り終えたら、上体を丸く前に曲げてポーズ。

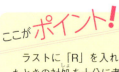

ここがポイント！

ラストに「R」を入れる場合は、落下したときの対処を十分に考えておこう。同じ落下でも手具なしで演技を終える (-0.7)、音楽の終わりとずれる (-0.5) などは非常に大きな減点になってしまう。

ボールのベーシックな作品例③

転がしや背中での突きを伴うステップをリズミカルに

⑤ボールを両手で保持しながら、頭を後ろに反らしてステップ。

⑥軽くジャンプしながら、ボールを軽く投げ上げる。

⑦落ちてくるボールを背中ではね返す。

⑧ボールをキャッチし、右腕を転がす。

少ない回数からフェッテも入れてみよう

⑨左手に持ったボールを小さく投げ上げる。

⑩右手の指先でボールを突き刺すように受けて指先で回す。

⑪ボールを右手に保持してプレパレーション。

⑫右手のボールを投げ上げながらフェッテピボットで1回転する。
[DB/0.2]

最後は「R」をしっかり決めてフィニッシュ!

⑬ボールを片手キャッチしながら、右脚支持での横バランス。
[DB/0.2]

⑭ボールを頭の後ろの両手支持から投げ上げる。

⑮2回前転する。

⑯ボールをキャッチしてポーズ。

+1 この例に入っている後ろ脚支持のローテーションは、途中でかかとが落ちてしまいやすく、難度としてカウントされにくい。しかし、キャリアの浅い選手であれば、まだカウントはされなくても、いずれ入れられるようにしたい難度を入れておき、作品の中で練習していくのもよいだろう。

COLUMN10

教えてみすず先生!⑤
「新体操には向いてない」と思ったときどうする？

　「新体操に向いていない」とは何を根拠に思うのでしょうか。おそらく他の誰かと比べて、そういう気持ちになるのではないでしょうか。自分よりも簡単にいろいろなことができる、スタイルがいい、など自分以外の人の恵まれている面を見ては、自分にはそれがない、だから「新体操には向いていない」と勝手に感じてしまうのでしょう。

　新体操だけではありません。どんなスポーツでも習い事でも、一番の才能は「好きなこと」「続けられること」です。好きでもない、続けたくもないのなら、それはきっと本当に「向いていない」のでしょう。でも、そうではなくてちょっとばかり今、目に見える成果が少ない、他の人より劣っている(ように感じる)、そんなことで「向いてない」なんて決めないでほしいと思います。

　新体操は、成果が出るのにとても時間がかかります。それだけに、「これだけやっても、この程度」と思われてしまう時期もあります。ともすれば1回の試合で成果が出なかっただけで「向いていないから辞めようか」という気持ちになってしまうこともあります。新体操は本当に成果が出にくいのです。脚を180度上げるだけでも、時間がかかる子はとてつもなく時間がかかります。

　そんな気の長いスポーツを、嫌がらず続けて、辞めようとしないならば、それは間違いなく「才能」です。人よりうまくできること＝才能があるのではなく、人よりうまくできなかったとしてもやりたくなる、頑張りたくなることこそ才能なのですから。

Part 11

「A（芸術）」「E（実施）」の減点を減らす

2022年から評価に占める比重がぐっと上がった芸術性。
では、その芸術性を上げるためにはどうすればいいの？
減点法で採点される「芸術」「実施」は
どう減点されるのかを知り、対策しよう！

「A(芸術)」「E(実施)」の減点を減らす

ポイント49 「A(芸術)」「E(実施)」は、どう採点されるのか理解しよう!

ここがポイント!

「芸術」と「実施」が10点ずつになってから、得点は全体的に高めに出るようになった。それ以前は、「芸術+実施」で10点だったため、減点していくとあっという間に点数が残らなくなっていたのだ。2022年以降のルールでは、芸術点が0点近くなることはないため、得点が低い選手でも、「芸術+実施」である程度点数が残るようになったのだ。

2022年から新体操の審判には、「D(難度)」「E(実施)」「A(芸術)」という3つのカテゴリーがある。公式大会の場合、D審判4名+E審判4名+A審判4名の12名で1つの演技を採点することになっている。

この中で「D」は加算方式で、DB(身体難度)とR(回転を伴うダイナミック要素)を2名のD審判、DA(手具難度)を2名の審判が採点する。DB、DA、Rともに演技中に入れられる回数の上限はあるが、加点方式のため得点の上限はない。

一方、「A(芸術)」と「E(実施)」は、10点満点からの減点法で採点を行う。E、Aの審判は4名ずつなので、最低点と最高点をカットし、残った2人の平均点が決定点となる。

2022年のルール改正以前は、「A(芸術)」は独立しておらず、DとEの審判しかなかった。全体の評価に対しての芸術性の

「A（芸術）」「E（実施）」の採点

比重は高くなく、芸術面での評価がそれほど高くなくても、難度で高得点を出せば勝てる、そんな時代だった。2021年まではDAの回数に制限もなかったため、上位を狙うような選手たちは、競ってDAを演技に入れまくり、得点を稼いでいた。

DA満載の演技は、たしかにスリルがあって面白かった。しかし、本来新体操がもっていたはずの芸術性はかなり損なわれてしまっていた。そこで、その流れを変えるために2022年以降、現在の審判編成となり、「芸術」の比重がぐっと高くなった。

現在の審判構成になってからは、実施の審判は、技術的欠点(体の技術/手具の技術)を程度により0.1、0.3、0.5減点していく。

また、芸術の審判は、以下の12項目について、不足の度合いにより0.1、0.3、0.6、1.0の減点をしていく。

【芸術欠点】

●動きの特徴　●ダンスステップ　●身体の表現　●顔の表現　●ダイナミックな変化とエフェクト　●フロア面の使用　●統一性　●音楽のイントロ　●音楽規範　●演技終了時の音楽と動き　●つなぎ　●リズム　この中で「つなぎ」「リズム」に関しては、不適切と判断した場合、その都度0.1の減点をし、最大2.0までの減点となる。

2021年に行われた東京五輪で個人総合優勝をしたアシュラム選手の決勝でのフープの得点は27.550（D18.500/E9.050）だったが、2024年パリ五輪チャンピオンのバルフォロメーエフ選手の決勝でのフープの得点は36.300だった。このように、現在の採点方式になってからのほうが点数が高く出るようになっている。

「A（芸術）」「E（実施）」の採点方法

ポイント 50 体や動きによる E減点をどう減らす

　実施の審判が見る「技術的欠点」には、身体の動きの技術に関する減点と、手具技術に関する減点の2種類がある。

　身体の動きの技術には、以下の5項目が

ある。

①基礎技術

　体の部位の不正確な保持。つま先が伸びていない、ルルベが低い、膝が曲がっている、肩が上がっているなどは、欠点が見られた都度、0.1が減点される。

　バランスを失った場合、ふらついただけなら0.1、大きく移動すれば0.3、手や手具で体を支えれば0.5、完全にバランスを失い、転んだ場合は0.7の減点となる。

②ジャンプ／リープ

　重い着地／小さな誤差での不正確な形で0.1の減点、着地の最終局面で後ろに傾く／中くらいの誤差での不正確な形で0.3の減点、大きな誤差による不正確な形で0.5の減点となる。

③バランス

> **ここがポイント！**
>
> 　採点規則では、「実施審判は演技中の難度には関与しない」とある。難度要素に関わらず、どのような欠点に対しても等しく減点するのが実施審判の使命なのだ。つまり、高い難度ができない選手でも、正確で丁寧な演技をすれば実施での減点は減らせるということだ。いきなり高難度な演技はできなくても、実施点を着実に上げていくことをめざしたい。

体や動きによるE減点

小さな誤差での不正確な形で0.1の減点、中くらいの誤差での不正確な形／最低1秒間の形の保持がない／終了時に余分なステップが入るで0.3の減点、大きな誤差による不正確な形で0.5の減点となる。

④ローテーション

小さな誤差での不正確な形／ピボット中にかかとをつく／ホップで0.1の減点、中くらいの誤差での不正確な形／終了時に余分な1歩が入るで0.3の減点、大きな誤差による不正確な形で0.5の減点となる。

⑤プレアクロバット

重い着地で0.1減点、許可されない技術でのプレアクロバット要素／手支持での歩き(2歩またはそれ以上)で0.3の減点となる。

その他、「波動の形の不完全な動き、不十分な大きさ」「プレアクロバットの形の不完全な動き、または大きさに欠ける」「体の位置を整える(例：バランス、かかとをついたまま身体の他の部位によるローテーションなど)」も、その欠点が見られた場合、都度0.1の減点となる。

採点規則独特の言い回しだと、ピンとこないかもしれないが、普段の練習で指導者から注意されているであろう「つま先」「膝」「着地」「ふらつかない」などのほとんどがこれらの「身体の動きによる技術的欠点」にあたると理解しよう。つまり、それらの注意をしっかりと聞き、日々修正し、向上していくことで実施減点は確実に減らすことができるのだ。

+1 以前、フェアリージャパンのメンバーとして活躍、北京五輪にも出場した経験をもつ遠藤由華さんは、小さな子ども達に新体操を教えるとき、「意識しなくてつま先が伸びるようになると後で楽だよ」と伝えている。現役時代、脚の美しさでは群を抜いていた遠藤さんの言葉には説得力がある。基礎と言われる部分は幼いころからの反復練習、意識し続けることで確立されるのだ。

「A(芸術)」「E(実施)」の減点を減らす

ポイント51 手具操作によるE減点をどう減らす

実施の審判は「身体の動きの技術」ともう1つ、「手具の技術」の欠点も見て、減点する。この2つが「技術的欠点」と言われるものだ。

手具の技術による減点には、4手具共通のものと手具によるものがある。4手具に共通しているものは、以下のとおり。

①手具を落下し移動せずに取り戻す⇒ 0.5減点
②手具を落下し1〜2歩移動して取り戻す⇒ 0.7減点
③手具を落下し3歩以上移動して取り戻す⇒ 1.0減点
④場外（距離に関わらず）⇒ 1.0減点
⑤手具を落下し、手具との接触なく演技を終了⇒ 1.0減点
⑥手具の落下を防ぐために、1歩移動して空中で受けると0.1減点、2歩移動して空中で受けると0.3減点、3歩以上移動して空中で受けると0.5減点となる。
⑦キャッチするほうではない手の支持を伴った受け(ボールを除く)⇒ 0.1減点
⑧身体との接触を伴った不正確な受け⇒ 0.3減点
⑨手具の静止⇒ 0.3減点

さらに各手具ごとに減点される項目が決まっている。

ここがポイント！

手具操作による欠点をなくすためには、はじめからごまかしなく、正しい操作を身につけることが一番の早道といえる。幼いころは人よりも早くできることがエライ！と思いがちだが、少々時間はかかっても正しいやり方を覚えよう。

手具操作によるE減点

【フープ】
　不正確な操作、不規則な回し／前腕に接触する受け／身体での不完全な転がし／転がしでのバウンド／回しの最中に腕にずれる⇒ 0.1 減点
　上腕に接触する受け／くぐり抜けでの足の引っかけ⇒ 0.3 減点

【ボール】
　不正確な操作、前腕でのボール保持／ボールを指で明確につかむ／身体での不完全な転がし／転がしでのバウンド／片方の手の支持を伴った受け(視野外を除く)⇒ 0.1 減点

【クラブ】
　不正確な操作、風車中に腕が離れる、小円中に動きが中断する／2本のクラブの投げと受けの最中にクラブの回転の同時性が乱れる／クラブの非対称の動きで操作面の正確性がない⇒ 0.1 減点

【リボン】
　不正確な受け／リボンの図形の乱れ／不正確なくぐり抜けまたは持ち替え／スティックの中央を持つ／図形間の不正確なつなぎ／リボンの身体への接触／最小限の影響を伴う小さな結び目／リボンの端が床に残る(1m以内)⇒ 0.1 減点
　演技の中断はないが、身体あるいはスティックにリボンが巻きつく／リボンの端が床に残る(1mを超える)⇒ 0.3 減点
　演技の中断を伴い、身体あるいはスティックにリボンが巻きつく／操作に影響する中くらい～大きな結び目⇒ 0.5 減点

 改めて減点項目を書き出してみると、リボンが圧倒的に多く、減点も大きいことがわかる。トップレベルの選手でも4種目の中ではリボンの点数が一番低くなりがちなのも納得できる。

「A(芸術)」「E(実施)」の減点を減らす

ポイント 52 今のルールが求める「芸術性」とはなにか?を理解しよう

　「芸術とはなにか?」誰もが納得し、理解できるように定義することは難しい。あくまでも「新体操の採点規則において」という限定つきで、「芸術性」を定義してみると、以下のようになる。
①ダンスステップ、難度間のつなぎ、難度そのものに動きのスタイルと特徴が見られる。
②動きに表現力がある。

ここがポイント!
　新体操の演技を考えるうえで大きなカギを握るのが音楽だ。メリハリのある曲を選び、「そのフレーズだからこの動きか!」と感じさせることができる構成を考え、音楽が演技のBGMになってしまわないようにしよう。

③音楽の対比を、手具と身体を使い、テン

「芸術性」とはなにか？

ポ、特徴、動きの強度の対比によって反映させる。
④ インパクトまたは効果を創り出すために、音楽のアクセントやフレーズに身体と手具の動きを添える。
⑤動き間のつなぎまたは難度は、滑らかで調和のとれた接続で構成される。
⑥特徴的な音楽のテンポとスタイルなどに応じて異なる、多様性のある移動を行う。

演技中に一貫したストーリーをもちながら、これらの要素を、明確かつ完全に行うことにより、卓越した芸術性が達成される。

これらの要素が、演技全体を通して十分実現できていた場合は、減点なし。演技全体とはいかずいくつかのフレーズのみが発達している場合は減点。動きとリズムが合っていない、あるいはつなぎの欠点が見られた場合はその都度0.1の減点となる。

「芸術性」を実現するためには、まず音楽の選択が重要となってくる。採点規則にも「選択した音楽がすべての動きの選択を導き、音楽のすべての要素が互いに調和した関係で創り出される」と明記されており、演技構成を考えるうえで、まず音楽ありき、であることがわかる。

また、採点規則には、「審判は日々更新される現代新体操の中で、期待され最も受け入れられる構成はなにかを常に理解せねばならない」とある。

ルール変更も多く、流行すたりもある新体操という競技をやっていくうえで、審判のみならず選手本人や指導者も心しておきたい部分だ。

 芸術の審判は、演技中の難度には関与しないと採点規則にある。芸術の審判団は、演技の難易度（D得点）に関わらず公平に減点する義務があるとも書かれているが、それはつまり芸術面が長けた演技であれば、身体難度や手具操作ではそれほど難しいものができなくても、少なくとも芸術点は高めに残せる可能性があるということだ。

「A(芸術)」「E(実施)」の減点を減らす

ポイント53 「動きの特徴」「身体表現」「表情」での減点を減らす

「芸術欠点」になる要素の中で「特徴(キャラクター)」は、少し理解しづらいかと思う。音楽やその音楽のもつストーリーを「選手自身の解釈で明確に強調できているか」が求められ、またそれは演技の始めから終わりまで一貫していることが必要とされる。

たとえば、「ピンクパンサー」や「ライオンキング」などの曲を使って、動物になりきった演技をする場合、ダンスステップなどでは、動物的なよい動きと表現ができていたとしても、投げ受けや身体難度のときに急に「失敗しないようにしよう」という素が見えてしまうと減点になる。実際、新体操の演技中には表現どころではない難しいこともやっているのだから無理もないが、それでは今のルールでは芸術点での減点がついてしまうのだ。

理想としては、曲を流さずに演技を見ても、「これ、あの曲じゃない?」と予想できるような、そのくらい音楽を理解して演じることができれば「特徴」としては満点ではないだろうか。

ここがポイント!

「キャラクター減点0」の松坂選手も最初から表現力に長けた選手だったわけではない。彼女の表現力が花開いたのは大学生になってからだった。誰にでもそうなれる可能性はあると思わせてくれる貴重な選手だ。

「動きの特徴」「身体表現」「表情」

　以前、日本の松坂玲奈選手のボールの演技が、国際体操連盟の資料で「キャラクターの減点0の例」として取り上げられていた。表現力では海外の選手に劣ると言われがちな日本の選手でも、表現力を磨いていけば認められることもあるということは多くの選手の励みになると思う。

　また、今回のルール改正で変わったことの1つに、2024年までは「身体の表現」の中に含まれていた「顔の表情」が独立して1つの要素になったことがある。

　「身体の表現」「顔の表情」ともに、改正前のルールよりも細かく減点規定が定められ、「身体の表現」は、未発達(十分ではない)な部分が演技中に2か所、あるいは、固定された特徴のない動きが4回未満あった場合に0.3の減点。未発達な部分が2か所以上、特徴のない動きが4回以上あると0.6の減点となる。

　「顔の表情」も、特徴のない固定された表情や、無表情、集中している表情などが4か所以上見られると0.3の減点となる。これだけ細かく減点されるのは、選手にとっては厳しいかもしれないが、それだけこのルールが「本気で演じること」を求めている証なのだ。

　新体操には身体難度もあり、手具操作もある。たいていの選手たちはそれだけでも大変なのが本音だろう。しかし、新体操の本来の楽しさや美しさは、選手にとっても観客にとっても、「表現」にこそある！今回のルールはそう言いたいのではないか。

　顔の表情まで減点対象になるなんて！とはじめは思うかもしれないが、今までのどんなルールのときでも、シーズン終盤になればほとんどの選手が対応できていた。やるしかない！となれば、恐るべきスピードで対応し、会得する。新体操選手はそんな力を持っている。

 採点規則によると「特徴」は、以下のタイミングでの身体と手具の動きによって認識される。●難度の前の準備動作●難度間の移行● DB 中または DB の終わり●身体の波動● DB、DA、R におけるつなぎのステップ●手具の投げの最中／空中下●受けの最中●回転要素●高さの変更●つなぎでの手具操作● DA 要素中

「A(芸術)」「E(実施)」の減点を減らす

ポイント54 「ダンスステップ」「ダイナミックチェンジ」「エフェクト」をしっかり押さえる

演技の芸術性を高める肝になる「ダンスステップコンビネーション」については、ポイント38、41でも触れているが、「8秒間以上のステップ」が最初に導入されたときは、1回でよかった。それが2回必須となり、ステップとしてカウントされなければ1回につき0.3の減点になるという重要項目になってきたのが、芸術性重視の今のルールを象徴している。

身体難度全盛だった2000〜2010年頃は、ステップといえるようなものはほとんどの選手に演技に入っていなかった。そのころの演技は、フロアの中で移動しては難度、移動しては難度だったのだ。それに比べると、「ダンスステップ」が必須になってからの演技はなんと見ていて楽しいことか。今回のルールではますます楽しくなりそうな予感がしている。

もう1つ、2022年から重要な要素になっ

ここがポイント！

ダイナミックチェンジを演技の中で行うために、曲を繋ぎ合わせることがあると思うが、チェンジありきで不自然なつなぎになっていないか気をつけよう。

「ダンスステップ」「ダイナミックチェンジ」「エフェクト」

ているのが「ダイナミックチェンジ」そして「エフェクト」だ。「ダイナミックチェンジ」は、音楽のテンポや強度の変化を利用して演技にも大きな変化を加え、観客や審判によりドラマチックな印象を与えることができる。

　曲の変化に合わせて、選手の動きのスピードや強度、手具の動きのスピードなども変化することが必要とされる。当然そこには顔の表情の変化も関わってくるだろう。

　ダイナミックチェンジは、演技中に2回は必須となっており、不足する場合は0.3の減点となる。

　しかし、実際のところ、90秒しかない演技時間の中で、2回も曲調を変化させるのは至難の技であり、かつ90秒1つの曲を表現したいと考える選手にとっては、「ダイナミックチェンジ×2」はかなりの足かせになっていた。

　そこで今回のルールからは「ダイナミックチェンジあるいはエフェクトを合わせても2回ない」場合のみ減点となった。これで音楽の選択の幅がかなり広がったのではないだろうか。

　「エフェクト」は、音楽を伴う身体あるいは手具の効果のことで、曲の特徴的な部分でその特徴に合った動きを、身体あるいは手具で行うことが求められる。採点規則には「強く明確な特定の音楽のアクセントに配置するDB、R、DAは、難度のエネルギーと強度にもっとも一致させることができる」とある。

　曲が一番盛り上がったところで、バーンと大きな投げが入る、あるいはぐんぐん曲が盛り上がってくるところでフェッテターンでぐるぐる回るなど、一度その音楽でその動きを見たら、次から曲のその部分を聴けば、動きが頭に浮かぶような「エフェクト」を工夫して入れてみよう。

+1　10年以上前の話だが、演技中にニコニコ笑顔を振りまきながら踊っていたジュニア選手に「なぜ笑って踊るのか？」と尋ねたところ、「試合だから」という返事が返ってきた。ジュニアらしいキュートな曲で踊っていたのに、曲を感じて笑っているのではなく「試合だから」笑顔を作っていたというのだ。新体操のましてや試合だとたしかに余裕はないと思うが、音楽を感じて踊ることは大事にしてほしいと思う。今のルールだとなおさらだ。

131

「A(芸術)」「E(実施)」の減点を減らす

ポイント55 「つなぎ」「リズム」「フロアの使用」「音楽」での減点を減らす

　「つなぎ」と「リズム」は、芸術減点の中で、欠点が見えればその都度0.1減点が積み重なっていくなかなか厳しい項目だ。最大でも2.0までしか減点されないというのは救いではあるが、「つなぎ」も「リズム」も演技中に該当する箇所が多いため、工夫なくただ難度の羅列のような構成にしてしまうと、あっという間に2.0減点になってしまう。

　「つなぎ」は、2つの動きまたは難度間を接続させるものであり、新体操ではすべての動きが、次の動きにつながっていることが認識できるように構成されなければならない。例えば、フロアの端までジャンプで進んできて、向きを変えるときも、唐突に振り向くのではなく、難度でなくていいのでターンをするなど、向きを変えることが自然に見えるようにしなければならない。

　「リズム」は、文字通り、曲のアクセントに身体と手具の動きを連動させること、曲のリズムにのって踊ることを指している。持って生まれたリズム感には差があるとは思うが、たとえリズム感には恵まれていない選手であっても、振付の力と練習で「リズムに合った演技」はできるようにな

ここがポイント！

「つなぎ」の動きは無限にある。曲を聴きながら、「この曲のこのフレーズでこんな風に動いたらおもしろい」などと考えてみるとよい。「つなぎ」がただのつなぎではなく「表現」に昇華する可能性もある。

「つなぎ」「リズム」「フロアの使用」「音楽」

る。とくにジュニア選手の場合は、まずはリズムがはっきりと明確で音がとりやすい曲を選び、ポイントとなる音にはしっかり動きを合わせた振付にして、「リズムに合わせる」という感覚を養っていこう。

「フロアの使用」は、フロア全体を広く使うことが求められている。フロアを4分割した場合に、使っていないフロアがあると0.3減点になってしまうので、気をつけよう。また、たとえフロアは広く使えていても、動線が同じところを行ったり来たり、では面白味がない。直線ばかりでなく、また様々な方向に動き、多様な移動を見せるとよい。

「音楽」による減点は、●演技終了時の音楽との不一致が0.5減点。●4秒を超えるイントロダクション●新体操において一般的ではない音（サイレンやエンジン音など）の使用で0.3減点になるので気をつけよう。

曲を選ぶときは、ダイナミックチェンジなど、求められる要件を満たせるかを考えることも必要だが、それ以上に、選手の年齢、技術レベルなどに合ったものを選ぶようにしよう。いくら良い曲でも選手の実像とあまりにかけ離れていると、気持ちもはいりにくく、表現もしづらくなってしまいかねない。

芸術について、多くのきまりごとがあり、大変だと感じる人も多いかと思うが、それだけ国際体操連盟が本気で新体操の魅力を取り戻そうとしている表れだと思う。また、芸術という概念的なものを演技に落とし込むのは非常に難しいことを思えば、ルールでこれだけ決めてあるのは親切ともいえる。ルールが変わった年こそ飛躍のチャンスでもある。新ルールに対応して、今まで以上の成長を見せられる年になることを祈っている。

「芸術性」を点数化することは誰がやったとしても難しいことには違いない。だから、今回もルール改正でいろいろなところに修正が加えられた。難しいだけに試行錯誤して、見直しては直すを繰り返していくことで、徐々に理想に近いルールが出来上がっていくのだと思う。

COLUMN11

手具操作にも思いを込めて

　ほんのわずかな狂いや気の緩みが、ミスにつながってしまう。手具操作にはそんな怖さがある。だから、演技中は、とにかく「手具を落とさないこと」ばかりに気持ちがいってしまう。まだキャリアの浅い選手ならたいていがそうだろう。

　はじめはそれでも仕方がない。試合ともなれば1つの落下が大きな減点にもつながってしまうのだからなおさらだ。しかし、ずっとそのままでは進歩もないし、おそらく演技していても楽しくないと思う。せっかく練習に練習を重ねて、演技するのだ。試合ならば、多くの観客にも見てもらえる。そこで披露する「自分の演技」から見ている人に伝わるのが「手具を落としたくない」「失敗したくない」だけだとしたら、なんとも味気ない話だ。

　90秒間ずっと、は誰にとっても難しいと思う。だから、まずはごく一部分でいい。曲や振り付けで一番気に入っている部分でいいので、思いを込めて(=感情を込めて)手具操作することを心がけてみよう。たとえば、床でボールをトントントンと3回小さく突く。ただそれだけの操作でも、そこに思いを込めることはできるはずだ。遠く離れた恋人を思う、切ない気持ち、早く帰ってきてという願いを込めてのトントントンなのか、はたまた戦いに臨む前、敵への憎悪を押し込めてのトントントンなのか。同じ動き、操作でも自ずとスピードや強弱、そしてなによりも表情が違うはずだ。そんな表現の違いが出せるようになれば、演技することはもっと楽しくなる。そして、観客や仲間も、演技を見ることを楽しみにするようになる。それこそが新体操の魅力なのだ。

　手具操作がどんどん高度になっている今の時代に、そこに思いも込めるというのは、なかなか難易度が高いかとは思う。が、これができるようになれば、表現の深みがぐっと増すことは間違いない。新体操を芸術スポーツだと考え、競技者であり表現者でもありたいと思うのならば、少しずつでもいいのでチャレンジしてみよう。

Part **12**

作品作りから演技を仕上げていく過程を知ろう！

本来は楽しいはずの「作品作り」
新体操の一番楽しい部分が苦痛にならないために。
曲選びから構成の考え方、練習の進め方までを紹介。
今まで悩んでいたことを解決するヒントが見つかるかも。

作品作りから、演技を仕上げていく過程を知ろう！

ポイント 56

「やりたい難度、技」「できる難度、技」「使いたい曲」をピックアップ

芸術スポーツである新体操には「表現」は不可欠なものだが、その「表現」は、音楽に合っていることが大前提となる。

そのため、手具によってその特性を生かせる曲を選ぶことがまず必要となってくる。

1 フープの曲選びのヒント

フープはダイナミックさが特長の種目なので、基本的には「迫力のある曲」が似合う。しかし、同時に転がしなどをふんだんに使えば女性らしく、柔らかい雰囲気の演技にもなるので、しっとりした曲も合う。さらに、最近は、スピード感のあるポップな曲もよく使われており、海外のアーチストのボーカル曲を使う選手も増えてきている。

つまりフープは、曲調を選ばないので、4種目総合の試合に出るような選手ならば、ほかの種目とのバランスも考えて選ぶのもよいだろう。柔らかい動きが得意だからと、ゆったりとした曲ばかりになりがちならば、フープくらいは強い曲、もしくは逆にアップテンポの曲が多いならば、フープはクラシカルなものでもいい。4種目通して、さまざまな雰囲気を見せられるような選曲にしたい。

ボールは、特徴的な手具操作である「転がし」に合わせると映えそうなフレーズ、

ここがポイント！

今は、多くの曲を配信や、YouTubeで聴くことができるので、とにかく多くの曲に触れるようにしよう。一曲聴くと似たようなタイプの曲やアーチストを「おすすめ」してくれる機能などもあるので、曲探しにはインターネット、スマホなどをおおいに活用しよう。

136

材料をそろえる

「突き」などを合わせて軽やかにステップが踏めそうなフレーズがある曲を見つけよう。

ただ音楽を聴き流すのではなく、曲探しのときは、演技をイメージしながら聞くとよい。音や旋律によって「ここは投げ」「ここはフェッテ」など動きが思い浮かぶような曲の聴き方をしよう。

2 難度を選ぶヒント

身体難度は、選手の身体能力に応じて選ぶのが原則だが、フープは比較的、どの難度でもやり易いだろう。それだけに、身体難度を上げていきたいときは、フープの演技で、少しずつ挑戦した難度を取り入れていくとよい。

とくにローテーションは、フープを持っ

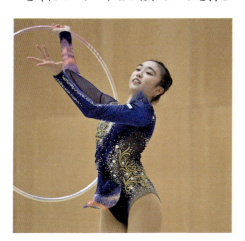

ていたほうが、かえって回りやすいものもある。フェッテなども案外、フープの操作をしながらのほうがリズムよく回れるとい

フープ／ボールの定番曲たち

ダイナミックな曲が似合うフープには、「マトリックス」「パイレーツオブカリビアン」など定番の映画音楽などはもちろん、「カルミナブラーナ」や「オペラ座の怪人」などの壮大な曲もよく使われている。

転がしを入れやすい美しい旋律の曲が、ボールではよく使われる。バイオリンやピアノの曲はボールによく似合う。チャイルドやジュニアならば、きれいな曲に限らず、ボールが弾むような楽しい曲でもよいだろう。

う選手もいる。フープの特性、重さをうまく使って、フープの演技の中で身体難度をレベルアップしていこう。

ボールは、ジャンプやローテーションをしながらできる手具操作が限られているので、ジュニア選手にとっては身体難度を選ぶのがやや難しいかもしれない。投げ受けの練習はしやすいのがボールなので、身体難度では欲張らずDAやRなどに挑戦してみるのもよいだろう。

身体難度で点数を上げていきたい場合は、ジャンプに後屈をつける、支持ありのバランスを支持なしにする、ローテーションは回転数を増やすなど、比較的上げやすいところから少しずつ上げていこう。

 まだ作品作り、曲選びに慣れていない場合は、動画サイトなどで海外の選手たちの演技を見て、どんな曲が使われているかを知ることから始めよう。現在は、曲を聴かせれば曲名を検索できるアプリもあり、YouTubeではイメージ（「戦い／曲」「別れ／曲」など）で曲を検索することもできる。とにかくたくさんの曲を聴くことが曲選びの第一歩だ。

作品作りから、演技を仕上げていく過程を知ろう!

ポイント 57 1つの演技をいくつかのパートに分けてミスなくできるまで練習する

　一番近い試合までの時間があまりない場合などは、どうしても「通し練習」がしたくなる。もちろん、ミスはあっても通すという練習も必要な時期もある。

　しかし、まだ技術が伴っていない、または作品を作ったばかり、など「通し」で演技をするのが難しい間は、「通し練習」にあまり時間をかけるのではなく、体育館で練習するときは、部分練習を中心にしてみよう。

1. 身体難度、Rなどを個別に練習する

　90秒の演技をいくつかに分けてのフレーズ練習が一般的だが、それ以前にできない難度や手具操作がある場合は、そこだけの練習にもある程度時間をとろう。単独でできないものはつなげてできるはずはないので、たとえば「パンシェバランス＋回し」なら、精度が上がるまではそこだけをやる。ある程度できるようになったら前後の動きを続けてやるようにしていこう。

　また、Rなど、失敗してしまうと演技が続かなくなる部分は個別に練習して、成功確率を上げる練習をし、確率が上がってきたらその前後の動きまでつなげて練習するようにしよう。

2. フレーズごとに完成度を上げていく

　それが少しずつ長くなってフレーズで通

ここがポイント!

　通し練習があまりできない時期も、曲は通しで完全に頭に入るまで繰り返し聴こう。単に曲を覚えるだけでなく、曲を聴けば動きも頭に浮かぶまで、聞き込んで動きや表情などもしっかりイメージトレーニングしておくと、通し練習のときに生きてくる。

フレーズ練習

せるようになったら、次のフレーズと、完成度の上がったフレーズを増やしていき、演技を仕上げていくとよい。

ただし、できないからと同じ難度、同じフレーズばかり練習していると、体への負担が偏るのと同時に、気持ちも落ちていく。1日の練習中で複数の難度、複数のフレーズを練習するようにしたい。

難しい技が入っているフレーズや、失敗しやすい苦手なフレーズは回数を多めにし、自信がついてきたフレーズは確認程度にする、または表現にもこだわってみるなどメリハリをつけた練習をしよう。

フレーズ練習をするときも、曲はフレーズごとにかけるだろうが、動きはその前後もやるようにしよう。

3. 毎日の基礎トレーニングにも工夫を

身体難度に関しては、毎日の練習のはじ

手具操作の精度も高めよう

フープは、手具に重みがあるため、キャリアの浅い選手だと、徒手ではできることもフープを持つとできないことが多い。しかし、じつは手具を持って演技することが当たり前の選手たちになると、「手具なしだとバランスが狂う」のだ。とくにローテーションなどは、フープの重みをうまく利用して回ることが多く、それに慣れてしまうと徒手では回りにくい、という選手も少なくない。

演技の完成度を上げていく過程では、手具なしで身体難度を磨くことも必要だが、なるべくなら実際の演技に近い状態で練習しよう。

めにやっているだろう、バレエレッスンやアップなどの中で足りないものを補う意識を持ち、精度を高めていこう。

新体操ではどうしても「先生に見てもらいたい、教えてもらいたい」という傾向がある。しかし、じつは、一番力がつくのは「自分で考え、練習している時間」なのだ。指摘されるのではなく、自分で「何が違っていたのか？」を考えられる選手ほどうまくなる。通し練習に入れない間は、指導者に見てもらう機会も少なくなるかもしれないが、そこが成長のチャンスなのだ。

「演技の完成度を上げていきながら、難度や操作だけでなく、表現のレベルアップもめざそう。まずは、曲の由来や、ストーリーなど理解すること。映画音楽などを使う場合は、作品を必ず見るようにしよう。知識があれば思いも深くなり、見ている人に伝わるものは確実に違ってくるはずだ。

作品作りから、演技を仕上げていく過程を知ろう！

ポイント 58 曲に合わせての通し練習を繰り返し行う

　ある程度、ミスなく演技が通せるようになってきた。

　もしくは、試合が近づいてしまった。

　こうなってくると、1つの作品を、曲をかけて通す練習の比重を上げていかなければならない。本来なら、通し練習は「ほぼ「ミスなくできる」ところまで演技がまとまった段階で、よりよくするために行うのが望ましいが、そうも言っていられない場合も多々あるとは思う。

　たいていの選手が、通し練習を毎回、指導者に見てもらえることはないだろう。同じ体育館にいても、指導者に見てもらえるのは交代で順番が回ってきたときで、他の時間は、それぞれに空きスペースで練習することが多いはずだ。そのときに、少し広いスペースがあれば、通しの練習をすることもあるだろうが、そこではミスがあってもいい、と思う。だが、1回の練習で何回もないだろう「見てもらえる通し」のときは、凡ミスは避けたい。せっかくアドバイスをもらえるのに、「手具を落とさないで」なんて言われなくても分かっているようなことを言われたくはない。

　ほぼノーミスで通したうえで、「もっとこう見せたほうがきれいに見える」「こうしたほうがミスが出にくい」など、レベル

ここがポイント！

試合直前になると、チームメイトを観客に見立てての通し練習なども行おう。練習ではできていたことが本番ではできないのは、ほとんどが緊張によるものだ。その緊張感を味わい、慣れることも通し練習の目的なのだ。

通し練習

アップするためのアドバイスをもらう。それが「通し練習」の本来の目的なのだ。とくに表現の部分は、自分ではなかなか分からない。客観的な目で見てもらってこそ、その演技の中で表現したいものやアピールしたいものが伝わっているかが分かる。そして、それが意図したとおりになっていない場合、どう修正するかをアドバイスするのが指導者の役割だ。

自主練など、自分でやる通し練習も、もちろん必要だ。できることなら、自分が納得でき、安心できるまで数多く通し練習をして、「さあ来い！」という気持ちで試合に臨めれば最高だ。そういうときはきっと本番でも最高のパフォーマンスができる。

ただし、誰かに見てもらう通し練習の場合は、その見てもらう通し以外の時間を有効に使い、「見てもらうに値する通し」にすることが、通しの回数よりも重要なのだ。通し以外の時間には、次に見てもらう順番

> **動きと音の一致を意識しよう！**
>
> 通しでは、音と動きの強弱やアクセントが合っているかを意識して通すようにしたい。「投げ受け」「転がし」、フープでは「回し」、ボールでは「突き」などは音とのずれが目立ちやすい。
>
> 演技の中で、絶対にはずせない音と動きは常に意識し、落下などのミスが起きた場合はどこで調整するかまで考えておこう。ミスしなくなったら音と合わせよう、では遅い。ミスはしていても、音との一致にはこだわった練習をしよう。

が回ってきたときのために必要な練習を優先してやろう。今やった通しでミスしたところの修正練習もせずに、次の通しを見てもらうようなことは絶対にないようにしたい。

通しを見てもらいアドバイスをもらう⇒修正練習をする⇒通しを見てもらう⇒違うアドバイスをもらう⇒修正練習をする、この繰り返しがあってこそ、作品のクオリティーが上がり、試合での点数も上がっていくのだ。

新体操が上達するには、「見てもらうこと」はとても大切だ。だが、それ以上に「見てもらうための練習」が大切だということを心しておきたい。

 自分で行う通し練習のときは、すべてを同じ力で通すのではなく、1本ごとに「目標」を持って通すと練習にメリハリがつく。「絶対に手具を落とさない」「表現に力を入れて通す」「手具操作を思い切りよくやる」など。意識する部分を変えながらやると新しい発見もできる。

141

おわりに

　この本を手にとってくださったあなたは、きっと新体操が大好きで、向上心でいっぱい！　なのだと思います。

　日々更新される新体操の最新情報を常にキャッチすべく、アンテナを高くしておくことも上達の秘訣とも言えます。

　この先、あなたが「もっと新体操のことを知りたい！」と思ったとき、または試合に出ることになったとき、きっとあなたの支えになってくれるサポーターたちを最後に紹介しておきます。

　そして、この本もまたあなたの新体操選手としての成長を少しでもお手伝いできたなら、こんなに嬉しいことはありません。

本書の動画を続けて見る場合

右のQRコードから各ページで紹介したすべての動画を続けてご覧いただけます。
https://www.youtube.com/playlist?list=PLGaG7vk4K1nMU4JlZ6uW_mU04gjuz092_

あなたの上達を支えるサポーターを見つけよう

新体操教本（2017年版）

日本体操協会コーチ育成委員会制作。新体操の歴史からスポーツ栄養学、コンディショニング、メンタルトレーニング等。分野ごとのプロが執筆を担当。指導者向けではあるが参考になる。（日本体操協会HPに購入方法あり）

新体操採点規則（2025-2028年）

FIG（国際体操連盟）による2025-2028年の採点規則の日本語版。審判資格はなくても購入は可能。新体操のルールを知るためには手元に置いておきたい。（日本体操協会HPに購入方法あり）

FIG年齢別育成・競技プログラム

　FIG（国際体操連盟）によって、若い選手達の身体的・精神的発達を尊重するやり方を念頭において開発され、2019年1月に発行された。年齢別、目的別の必須要素や技術習得一覧表、身体能力テストプログラムなどが提示されている。（日本体操協会HPに購入方法あり）

公益財団法人　日本体操協会公式サイト
http://www.jpn-gym.or.jp/

国際体操連盟の傘下「ナショナルフェデレーション」の機関。国際大会への代表選考をはじめ海外大会への派遣を含め、新体操競技に関わる選手・指導者の育成、国内外の大会運営などを行う機関。公式サイトには、大会情報、大会結果、大会レポートなど主催大会の情報が掲載されている。「協会販売物一覧」から、採点規則や教本などの購入もできる。

チャコットオンラインショップ
https://shop.chacott.co.jp/rg/

練習用ウェア、ハーフシューズ、手具、ボディファンデーション、トレーニンググッズ、雑貨など。新体操に必要なものはなんでもそろう。デザイン性と機能性に富む手具やバッグ、手具ケース、コスメティクスも充実。Instagram（@chacott_artsports）でも新体操にまつわる商品や情報を発信中。

rhythmicgymnasticsjapan
https://instagram.com/rhythmicgymnasticsjapan?igshid=MzRlODBiNWFIZA==

日本体操協会新体操専用instagram。フェアリージャパンや日本代表選手のコメント動画や日本体操協会主催の大会のハイライト動画などが発信されている。国内大会、国際大会の最新情報がわかり、選手を身近に感じることができる。

jwcpe_rg
https://instagram.com/jwcpe_rg?igshid=MzRlODBiNWFIZA==

日本女子体育大学新体操部公式instgram。発表会情報や練習風景、新体操部の日常、大会結果などを日々の新体操部員が担当して発信している。「大学の新体操部」の様子を垣間見ることができるので、大学進学を考えている人は必見！

RG COP　2025
https://www.instagram.com/rgcop2025/?hl=ja

元新体操競技者で現在も指導者、審判を務める神谷梨帆さんが運営するインスタ。新旧ルールでの採点の比較動画を数多く掲載している。

tokofit Rhythmic Gymnastics
https://www.youtube.com/@tokofitRhythmicGymnastics

現在はアメリカで新体操の指導をしているsatokoコーチによるYouTubeチャンネル。実践的なトレーニング方法やルール解説なども。

協力

監修者 ◆ 日本女子体育大学准教授　橋爪みすず

協　力 ◆ 日本女子体育大学コーチ　関谷友香・柴山瑠莉子・関若菜

モ デ ル ◆ 日本女子体育大学新体操部

得能澪・白石愛実・草刈紗羽・白川愛侑子・坪井友香・村国野乃花

有働未媛・松原楓歩・櫻井桜・柿原希美・河野ほのか・鈴木実希

山岸聖菜・小澤来瞳・大橋茉采

Staff

制作プロデュース ◆ 有限会社イー・プランニング

構 成・執 筆 ◆ 椎名桂子

撮　　　　影 ◆ 岡本範和

デザイン・制作 ◆ 株式会社ダイアートプランニング　山本史子

※本書について、図書館およびそれに準ずる施設に限り、掲載されている二次元コードを
スキャン可能な状態で館内・館外へ貸し出すことを許諾します。

**動画付き　魅せる新体操
フープ＆ボール上達BOOK**

2025 年 3 月 30 日　　第 1 版・第 1 刷発行

監修者　　橋爪　みすず（はしづめ　みすず）
発行者　　株式会社メイツユニバーサルコンテンツ
　　　　　代表者　大羽　孝志
　　　　　〒 102-0093 東京都千代田区平河町一丁目 1-8
印　刷　　株式会社厚徳社

◎『メイツ出版』は当社の商標です。

● 本書の一部、あるいは全部を無断でコピーすることは、法律で認められた場合を除き、
　著作権の侵害となりますので禁止します。
● 定価はカバーに表示してあります。
© イー・プランニング,2019,2025.ISBN978-4-7804-2994-7 C2075 Printed in Japan.

ご意見・ご感想はホームページから承っております。
ウェブサイト　https://www.mates-publishing.co.jp/

企画担当：堀明研斗

※本書は 2019 年発行の『手具操作で魅せる！新体操　フープ　レベルアップ BOOK』と『手具操作で魅せる！新体操　ボー
ル　レベルアップ BOOK』を再編集し、新たに動画コンテンツの追加を行うとともに、1 冊の形にして新たに発行したものです。